三民叢刊 237

女人笑著扣分數

馬瑩君 著

三民書局印行

重塑的泥娃娃

——有感於馬瑩君探討兩性關係作品

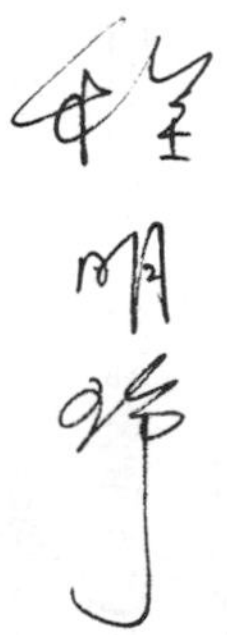

最近，我讀了一連串有關探討兩性問題的文章，那是國內知名女作家馬瑩君發表於報章的專題系列寫作。

平時，我很少涉獵這方面的文字，自認在人際或感情上都十分單純。而馬瑩君的作品所以能吸引我很投入地讀下去，原因在於：她在寫作的筆調上有濃厚的文學性，她在探討的角度上求取多面性。此外，她於詮釋引證上也具備了一定的學識性。尤其令人耳目一新的是，她沒有著眼於一般「女權」或「女性主義」的論調。她將探討的重點，置於男女兩性共同擔負的生命角色——人；這個大前提上，性別，是生命原始的天賦條件，不同，便須和合互補。一半加一半，所以成其圓滿。而如何磨練為「人」，則是兩性間共同的人生課題。

兩性問題，如果只就「權利」或「主義」來著論，就不免成為一種蹺蹺板式的遊戲——你重我輕，我高你低……只有永遠「上下」「不平」。而馬瑩君對兩性問題的探討，是透由她自己人生失敗的經歷開始。

由馬瑩君的作品中我們可以窺知，她原是一個可以隱忍到百分之九十九，卻在最後一分上徹底「爆炸」而潰敗的烈性「小婦人」。然後，她又成為一個一旦發現伴侶不忠時，便二話不說，轉身揮袖而去的自立「大女人」。這兩種境態，可能許多女性都可認同或經歷。而馬瑩君的可貴可愛處，在於她「爆炸」、「揮袖」之後，對於兩性關係見解上的蛻新。她沒有舉「女權」旗幟來高鳴不平，也沒有蹈「女性主義」步伐來出語「貨比三家不吃虧」（某女性名言）。她只悄悄地收拾起自己人生經驗中的殘碎，重新締造生活，也重新肯定兩性關係。她努力思考、探索、反省、解悟，並將兩性關係擴大轉化為新的人生課題。透由論識學問上的不斷涉獵、參照、研讀、審察，抒發成一篇又一篇的感思和剖析。

馬瑩君對兩性關係剖析的憑藉範疇，包括了文學、心理學、靈魂學、社會學以及哲學。此外，也有不少從現實生活見聞中拈來的素材。值得思議的是，她將問題剖析得愈細愈深，也愈顯露出男女兩性心理層面上的複雜微妙性。本來，男女所成基本關係，是納入其他人際人倫的大環境和大糾纏中。兩性問題，也就是人的問題，難有絕對的定論和解決。只有在不斷的推衍探索中，試圖了解其中癥結。人生世代，本是在不斷互補彌縫中調適完成。

然而，馬瑩君總在熱切期盼兩性關係中的和諧，各自心智上的提昇成熟，以及生理心理上的相契圓滿。也就是說，她相信愛情、她肯定婚姻、她更歌讚生死相守的伴侶境界。因此，她廣伸觸角，攝取各種人生故事，予以詮釋，並且設身處地。她舉析的人物例證包涵了古今。有鶯鶯張生的錯情（〈替元稹與鶯鶯把脈〉）、有三白芸娘的美緣（〈千古遇合〉）、有現代社會性解放後的曠男怨女（評《愛與寂寞散步》及〈貓咪與情人〉二文），也有社會傳統婚姻中的佳偶夫妻（〈成熟的愛〉文中舉例）。

可喜的是，隨著閱讀種種人物和問題的剖析探討，讀者也能從字裡行間，不斷窺知作者於心智上的趨向成熟，於心靈上的砌鑿深刻。這種成熟與深刻，也同時濡染默化著讀者的心靈。比起遣閒式地閱讀坊間現代奇譎愛情故事，或者才子佳人浪漫小說，是不同的境界與收穫。

兩性問題既是「人」的問題，無論愛情婚姻，都不能超脫生活層面的現實性，以及人際心理的錯綜性。稍涉中國五四時代文學的人，大概無人不知徐志摩和陸小曼的戀愛和婚姻的。他們何止是打破文化傳統道德上的禁忌（各自已婚而通情），也打破了他們全力共鑄的愛情神話。

陸小曼，這個「世紀戀愛」中的女主角，從照片和情書文字上看來，實在算不得「不平凡」。

但她嫁入「豪門」養尊處優的生活形態，將她塑造成帶有神秘色彩的「貴婦」角色。在「文學男人」（馬瑩君語）徐志摩心中，調上一份詩的浪漫，便成了「無比的仙容」（徐詩句），能夠擁有這樣一個「仙侶」，真是像可以征服天上地下的「天神似的英雄」（徐詩句）。

徐陸終於在「驚天動地」的戀愛後，各自仳離原配而結為夫妻。而「神仙眷屬」，在雙雙涸跡於人世婚姻的現實裡，「仙容」頃成凡俗，「天神」未脫肉身。徐慘死，陸移情的悲哀結局，足以令人唏噓。所以，馬瑩君認為文學式的愛情唯美，是一種假設錯覺。「真實的人物，都有成長的痛苦」，可不是麼？心靈上拒絕成長的「金童」、「玉女」，不妨永作觀音娘娘的左右侍從，也不妨成為玉皇大帝的天宮嬌客，就是沒有資格成為人間世中的柴米夫妻，也無法修成琴瑟和鳴的偕老伴侶。

徐陸的戀愛婚姻，固然是他們那個時代社會中的悲劇，到了當前性解放（性革命）和女權運動之後，兩性關係的悲劇，依舊不斷上演，不過其中的內涵因素，已大不相同。馬瑩君以當代社會言情小說來作素材，探討極端商業化社會背景中的兩性關係。

《愛與寂寞散步》就是那樣一本著名的小說範本。小說封底的簡介有這樣幾句話：「……愛的寂寞，寂寞的愛，愛過之後的寂寞……是現代女性追求愛與成長的刻骨銘心之作。」我並沒有看過這本小說，只是從馬瑩君的寫作中窺知大略。我的疑問在於簡介中強調的「寂寞」。如果這「寂寞」一再用為廣告招徠，其中必有普遍式的社會隱因。

馬瑩君引奧修大師之言：「愛是一種洋溢，一種豐富。」那麼，真正處於這種洋溢豐富中的人，會寂寞麼？愛的豐饒、痛苦、失落，都是極為震撼的人生經驗。只有不痛不癢，患得患失、不冷不熱的感情關係，才容得下寂寞。也許，現代社會中男女關係上的淡薄空虛，可以「寂寞」來作代詞。何以至此？馬瑩君的作品裡，有許多社會學家、心理學家、婚姻顧問、心靈學者等等不同的解釋。不過這些西方式的現代學問裡，幾乎是沒有從「為人」道德的觀點來從事論釋的。

「愛是強者的道德」，這是曾昭旭教授的一句名言，馬瑩君不止一次地在她的文章中引用。不過，我認為，如果將「強」字改作「勇」字，也許更合道德的內涵。「強」字很容易令人解為「權力」。現代社會的兩性關係中，的確有人認為「權力」是一種平衡關鍵（例如工作收入的經濟權相當時，生活中的決策事得以均衡）。不過，「勇」字涵義中的道德力量，才足以使人擔負起人生中最典重的愛。

已故名學者熊十力先生，在《佛家名相通釋》一書中詮釋十二支因緣時，論及「觸境起『受』，而有不容己之『愛』。「受」是心靈活動中對外境的領納或感同身受的情識作用。作用的結果就是產生「不容己」的「愛」（無論大愛小愛，都須全心交赴，如「不容己」）。而觀「受」是苦，即是說，用佛家理念來觀照「受」的情境，是一種沉重，一種擔負，一種苦。想想看，小小一葉心舟，載得起多少愁慮？多少疑難？多少惻隱？又多少感慨？如此情境，何堪起「愛」呢？熊先生解答：「人之自愛其生，往往因苦受之至而益顯。」誰能承此至苦？唯有勇者（強者），誰能顯此至愛？唯有勇者（強者）。

熊先生更在文中感嘆：「人生之最難言者，莫如愛。」愛的內涵之隱深複雜，也差可由此感嘆中窺領。曾教授所言「愛是強者的道德」，這一「道德」實可玩味。它不是條例法律性的外在規範，而是人性中自發自制自強的內在品質，含有責任心、慈悲心、容忍心……甚至犧牲的情懷。唯有堅強的心靈才有此種種稟賦，才足以擔負痛苦，才能在一往情深中成長透悟。

「愛，不只是一種感覺。」馬瑩君這樣宣稱。

「愛，是一種艱難的素養。」馬瑩君這樣體會。

而兩性關係中的愛，又多了一層生理上的微妙情愫。民間俗諺中有句話：一夜夫妻百日恩。可以說就是那種由生理而心靈的微妙情愫的最好詮釋了。不過，一夜中的夫妻，並不等於「一夜風流」中的男女。夫妻在婚姻尊嚴中所賦予的安穩心理基礎，不是「風流」中的男女可以在一夜之間培養建立。馬瑩君在〈一對一之美〉、〈專注之美〉等文中，作了很深刻的詮述。

兩性在夫妻關係裡成就的婚姻，又並非一加一等於二的簡單世界。透過兩「性」而延展出的家庭子女關係，使兩人世界成為具體而微的「社會」。男人女人，便不止是夫妻，也是父母、持護人、師長以及人格典範。婚姻的尊嚴在此，其沉重也在此。婚姻中的男女角色，不是對立的，而是不斷相互補益、支持、砥礪、成全。一個只重「自我」，無視「他我」的男人或女人，心理上是封執的，沒有成長智慧的，也就無法成熟，也因此不適合於婚姻中的角位。如果只停留在「情人」的位格上，天地是窄小的，小得無處可去，「除了一張床」（馬瑩君引〈貓咪與情人〉小說中語）。而婚姻中的「夫婦」，文化上居五倫之尊，意義上是「為人」世界的起點，透由婚姻而親倫、而社會、而國家世界（外交儀節中的夫婦位格，自有其代表意義），天地當然是宏闊的。

婚姻所賦予夫婦的人際尊嚴，足以關連上社會中其他的人際。藉此而參與了一個複雜而又豐富的「為人」世界。我很欣賞馬瑩君的〈讀你千萬遍〉這篇文章，也引發我一些聯想。每一個人都是一本書，不斷有可以掀讀的情節。能夠就一份「讀你」的心情來對待他人時，也就在人際間多添一份敏感、一份尊重。而各自「書」中的內容，卻要靠自己不斷修改、充實和美化。

在兩性對待的人際間，從相遇相愛的一刻開始，一本各自的生命創作便開始了。他也許因一時的不安或軟弱，成為一個有外遇的男人；她也可能因一時的憤懣、偏激，成為一個不顧大局而離走的女人。但是，只要有能力認知：沒有人是完美的，生命「書」中的情節足有餘地改寫斧修。

我們都是一本可讀的書。

而一切的人際間，都無法避免衝突和破損。兩性人際間尤其如此。我想到民間一個有關婚姻的譬喻，大意是，夫妻本是各有定塑的泥娃娃。在婚姻的密切關係中，免不了的摩擦衝闖，雙雙破碎壞塌。不妨，要緊的是，收拾起破片碎泥，放在共同的眼淚血汗中重新搓塑捏造，成為兩個新的泥娃娃。重塑的泥娃娃，我中有你，你中有我。「自我」的破碎崩塌，當然是痛苦的，而重塑一個容有「他我」的新我，又是何等的創造！人生的一切際遇關係，莫非如此。成長就是這樣碎了破了又重塑創造的過程。而創造，又無不含有痛苦和掙扎的。

我們都是重塑的泥娃娃。

女人笑著扣分數

目次

程明琤

輯二 教戰守則

輯三　文藝男女

輯一

靈魂伴侶

話說靈魂伴侶

「靈魂伴侶」的意義

「靈魂伴侶」，顧名思義，是一種伴侶或配偶的理想結合狀態。

西方世界研究靈魂伴侶，最早起始自艾德加．克斯(Edgar Cayce)，他是第一個把輪迴和靈魂伴侶結合在一起做研究的人。時間，在本世紀初。艾德加創業維艱，為自己也為世人披荊斬棘，途程非常艱辛。後來子承父業，休．林恩成功的使美國的大學為他們父子的研究開課，「艾德加．克斯圖書館」設立了，受正統醫學訓練的醫生也來探討克斯的健康靈斷，甚至有診所專為他的治療方法而設立……

西方世界「開始盛行」探討靈魂伴侶在生命中的意義，並認真做這方面研究，幫助人們尋覓、認(驗)證，是近二、三十年的事。它肇始於本世紀的兩次世界大戰、核武威脅、暴戾充斥，以及六、七十年代性解放的後遺症……在全球的悲觀和無力氣氛中，人類越來越覺需要一種持久的愛，來作為一種令人心安的連繫。很多自覺性強的年輕人開始發現：生理的饜足不一定帶來心理的滿足。他們準備選擇純樸的一夫一妻制，選擇愛情的專一，來滿足他們的渴望——渴望一種完全屬於自己的什麼，「在一個價值迅速轉換的世界中，能夠安心地依附著這種什麼。我們幾乎每個人都渴望有一位靈魂伴侶，一種完美的愛，以打發塵世生活的單調，帶來我們全都追求的滿足與快樂。」

「靈魂伴侶」與「新時代」

「靈魂伴侶」的研究，在整個「新時代運動」中，只能算是「次文化」，(「新時代」中極重要極珍貴的一份資料，是「賽斯資料」，它的涵蓋面極廣，包括人的生理、心理、意識、情緒、健康、轉世、哲學及宇宙結構、起源等，它披露出宇宙人生實相，近二、三十年已在歐美、日本吸引越來越多的人力、物力，投入生命、靈魂與輪迴的研究，好多大學為它開課，民間組織亦繁。它不是宗教，它超越宗教。這種對「實相」的探索，終將引來人類意識與文化的巨大變革。) 雖然只是「次文化」，但是它的重要性，卻不容小覷，因為我們每一個人，在生命（靈魂）的進化過程中，都需要「愛與被愛」，在這樣的需索之中，逐漸促成我們的成長與擴展。有一段話說得很好：「如果沒有一種與另一個人結合在一起的靈魂感覺，如果沒有愛與被愛的感覺，生活之中就會有一種空洞，一種枯燥出現，不可避免地貶低個人的價值。」

如果我沒有理解錯誤的話，人類生命在三次元空間（也就是我們的物質實相系統）中要修業完畢，其中最重要的功課之一，就是要學會「愛人」，從「小愛」做起，然後擴充為「大愛」，在這修業期中，因為我們「自我的不圓滿」，是需要有另一個伴侶來「互補互慰互支持互啟發」的，直到有一天，我們「自我具足」的修完「全德」，能散發大愛的光芒為止。靈魂的內我兩性（陰、陽）整合為和諧的一體，「外在的另一半——伴侶」，對個人，才失去他存在的意義。

難怪，我們每一個人在茫茫人海中，總自覺或不自覺地尋尋覓覓。我們覺得孤單、失衡、欠缺、不安，其實全源自於「靈魂」的一種直覺，除非我們遇到一位非常契合的伴侶，這一份「愛與被愛」獲得滿足後，整個人的「生命能量」才能夠充份的投射於外，去做服務他人的貢獻。

「靈魂伴侶」的結合是一種「偶合」的幸運呢？抑或經過長時的相處磨練而來？從傑斯·史提恩所著《靈魂伴侶》一書中列舉的一、二十個例子看來，答案顯然是後者。這些理想的伴侶，在相處中顯然呈現了高度的和諧與默契，絕佳的寬容與耐性。他們或者夫唱婦隨，或者兩人一生共同努力，完成相同志業，比如居禮和居禮夫人這一對；以及「蒙特梭利學校」的創辦人馬克．普羅非和他的夫人伊莉莎白．克蕾．普羅非(他二人本身亦研究靈魂伴侶)；研究「金字塔力量」的派催克．佛蘭拿根和他的伴侶格兒，必須二人聯合，方可完成共同使命；或者像沙特與西蒙波娃……

「靈魂伴侶」的契合有一個很重要的大前提，那就是「二人水平相等」——它是彼此共有的生命經驗經歷一段長時間而建立的，但不只是一種生理的吸引力，還有一種能力，在生理、心智和精神層面上彼此幫助，互相提昇。

我們知道，絕大多數怨偶之所以不合，甚至分手，所持理由多半是「性格不合」或「價值觀（觀點）不合」，其實，細究起來，真正不合的原因，泰半是因為「對生命的體認」產生了斷層與落差，而這種斷層與落差，正是前面說的水平不相等，所以才容易在事情的節骨眼上產生隙縫，造成隔閡。

有人可能不免擔心，「靈魂伴侶」這句以前只在哲人與文人口中叨唸渴望的詞兒，如今竟能透過科學方法，在人世間驗證成為真實現象，被人們大力提倡的結果，是否會反倒又帶來另外一些悲劇？比如：只要自認找錯了對象，即可「理直氣壯」的離棄原配，「另謀高就」。

有關這一點，書中倒是特別強調：「雖然我們可能有一個以上的靈魂伴侶，但我們不要因為對一個似乎是靈魂伴侶的人具有吸引力，就隨意離開一位婚姻搭檔。那些已經結婚的人可以放心，他們有機會可以跟現在的搭檔學習。」焉知二十「世」，重上君子堂，你我已成佳偶？

學會相處並提昇靈性

可能有人不免又問：既然這麼說，「合者自合，不合者自磨練」，那跟社會現況有何兩樣，又何必提倡什麼「靈魂伴侶」？其實不然，靈魂伴侶的研究理論出現，可能更讓我們透徹的了然世上怨偶何以如許之多？在生命的長河之中，你我都是「小卒子」，這是公平的地方，大家樣樣磨，連配偶的遇合與相處也不例外，已經有幸與理想伴侶結合的人固然要珍惜；「不幸」結合到不合伴侶的，要彼此努力；尚待要找尋伴侶的，可提高警覺。有了這番認識，也免得像在舊有「一世」的認知與信念下，很多人「怨」偶一世，抱憾而終。

世人研究到「靈魂伴侶」，把兩性結合的意義，帶上新的里程，過往為繁衍生育而結合、為性而結合、或為家族倫理而結合的包袱，都可拋開了。還原給我們每個人清明的自性，找尋合適的伴侶，不只是為心理學家說的「自我實現」，更是為了互相提昇——靈性的提昇。或許可以使我們好多好多人，生命內涵都更加充實而有意義，而不再盲目的爭逐聲色了。

當然，「靈魂伴侶」的觀念對好多好多的人來說，可能是太高超也太前進了，尤其在我們這兒，很多男人竟然還拘執於過去數千年窄化的「兩性文化角色」，迷信什麼「大男人主義」，或「一個茶壺配數只茶杯」（雖是生物本性宿命，卻未必不能調適）等，好多女人也依然只認定憑恃妖媚、死纏爛打的功夫，若趙合德之對漢成帝般，就能吸引住或拴住男人，兩性文化距離「對等」、「互相尊重」都還遙遠，就更別提「互相提昇」了。看來，兩性文化在進化過程中，「奮戰」不免，「混仗」也還有得打。唯一差堪告慰的可能是：好多人在現有狀態下，都尚未達到「靈魂伴侶」結合的佳境，在生命進化途程中，你、我都是「同修」，別急！

徐志摩有一句名言：「我要在茫茫人海中，訪尋我唯一的靈魂伴侶。」看來，這句話不是詩人的囈語獨白，而竟是全人類的渴望呢！只不過是，我們的詩人早在數十年前，就靠他警敏的直覺，把靈魂深處的渴求，用文字語言，表述出來罷了。

從「靈魂伴侶」談遇合

不約而同的從西藏喇嘛羅桑・倫巴的系列著作，美國珍・羅柏茲著的「賽斯」系列，以及Sanaya Roman的《喜悅之道》，傑斯・史提恩著的《靈魂伴侶》和美國著名資深婚姻及家庭顧問專家達夫妮・羅斯・金瑪(Daphne Rose Kingma)寫的《緣起緣滅好聚散》，以及前幾年最熱門的張老師出版社出版的《前世今生》作者美國耶魯大學醫學博士布萊恩・魏斯第二本輪迴暢銷書《生命輪迴》，甚而國內曾昭旭教授寫的系列愛情文章中，看到類似的觀點——伴侶的意義，是要我們在與另一個個體結合過程中，磨稜去角，一方面學會與人相處之道，一方面健全我們的人格，並學會愛己愛人。

所不同的是除了達夫妮・羅斯・金瑪外，前五者都是從心靈、靈魂學角度著眼，不免牽扯到前世今生等累世因緣之說；達夫妮則從心理學角度，歸納出今生今世伴侶的更迭，提出人格的「階段發展論」，因而為「離婚」或「緣散」找到積極的意義；而曾教授則從哲學角度，強調今生今世與伴侶互相提攜互相支持互相啟發，以養成「全德」的重要性。因為看待問題切入角度的不同，以致各展丰姿，其實細究起來，「理路」卻可貫穿。

此處先說幾個有關「靈魂伴侶」遇合的觀念與故事：

■當希特勒在維也納還是一位掙扎著的藝術家時，如果就發現他的靈魂伴侶，這個世界將會多保住五千萬人的生命。

■伊莉莎白・華特生，一位年輕貌美的黑膚哲學教授，嫁給一位純白種人的生物化學家菲立普，兩人初識即有一種莫名的吸引力，完全不曾想過什麼「種族」之間的問題，結婚十二年，幸福美滿，好奇之下，去找《靈魂伴侶》一書作者傑斯・史提恩作「前世追溯」。

之前伊莉莎白有個在族裡有名的美人胚子姨婆蕾吉娜，被一位白人地主緊追不捨，蕾吉娜拒絕接受他的感情，後因眼露輕蔑，被白人殘殺。蕾吉娜死於伊莉莎白出生前。

前世追溯結果，發現伊莉莎白就是蕾吉娜，菲立普就是白人地主。

■本世紀美國第一位把輪迴與靈魂伴侶結合在一起作研究的人艾德加・克斯和他的妻

子葛楚德就是一對靈魂伴侶，葛楚德對先生投入事業研究之專注所表現的高度體諒尊重與支持欣賞，讓人敬佩。

艾德加的兒子休・林恩後來繼承父業。在遇到他的靈魂伴侶莎莉時彼此的吸引力，就是一種典型的靈魂伴侶式「遇合」——莎莉本身是教師，她哥哥是受過正統訓練的醫生，她既無法接受休・林恩研究的「形而上的診斷（靈斷）」，也不相信輪迴，可是卻沒法抗拒林恩帶給她的吸引力。在約會四年後，終能對克斯父子在靈斷中所說明的輪迴產生興趣，並發現它們的意義。婚後二人恩愛逾恆。

靈魂伴侶的遇合，通常都有很明顯的特徵——初識時「似曾相識」的熟悉感，強烈的吸引力，交往後二人心靈之間高度的默契，以及彼此善於協調溝通的能力……

在書中所舉之例，或者本身即是「靈魂伴侶」的典範，或者本身熱衷探究「靈魂伴侶」，不乏在美國社會各行各業的知名人士。比如好萊塢的蘇珊與波頓，泰瑞・摩兒和霍華・休斯的前緣（摩兒與她後來的男伴計程車司機傑利反倒是靈魂伴侶），傻大姐莎莉麥克琳，「蒙特梭利」學校創辦人馬克・普羅非和伊莉莎白・克蕾・普羅非夫婦……

這些人名也許並不重要，重要的是他們今生遇合的幸福，令他們忍不住想去追溯前緣——前世情緣——時，通常都不約而同的發現，之前他們已多世相處在一起，而且多半相處的「並不很理想」，往往在二人遇合相處一世過程中，不是有彼此不易突破的心結，就是有重大缺憾，像前述求愛不得殺了伊莉莎白的菲立普；又像一個在前世因多疑吃醋憤而離棄妻子而去的男人，那一世終其餘生活在「悔恨」中，今生再逢，他克服萬難把對方迎娶入門，並學會體貼尊重；又像一個屢世面臨家人與情郎之間抉擇的女人，情郎要到外地創業、升官或從軍，她一定選家人，終在這一世，她「學會」選擇情郎，投入他的懷抱……

也就是說，理想的「遇合」事實上是兩個個體在長時間相處後琢磨出的智慧與福份，做今生今世講的心理學或哲學當然也可以說出一番相處的大學問，卻很難解釋何以怨偶那麼多？應該不完全是「倒楣」遇合錯了或雙方（一方）缺乏聰明才智的結果。換言之，一生就能達到美滿幸福的伴侶，去追溯（催眠）往往發現那是「宿緣」，相處的高度默契與投合是累世的教訓、用心換來的。

這一點和本文第一、二段提到達夫妮的「緣滅」與「人格階段發展」說是脗合的。人與人之間因個人人格「階段發展」達到完成，無法再和諧相處而仳離，正恰如這些無法達到理想結合狀態的「靈魂伴侶」的前世因緣——總是有「憾」！（有關達夫妮觀點，我會另文探討。）

記得我曾在〈再探女人專一，男人永久？〉一文中提到「意識牽引」的力量，愛、恨、悔是三種最強的。事實上這些沒有學會「和諧相處」的人，終究要碰到一起再繼續學習相處之道，這本身並不涉及業報或懲罰的觀念。這種看法，如今又在魏斯博士的《生命輪迴》中得到印證。魏斯博士本不相信輪迴，他是耶魯大學醫學博士，享有國際聲望，後來在一次為女病人催眠醫療中，無意中發現人有前生（見《前世今生》）。他在第二本書中透過他正統醫師訓練的嚴謹手法驗證，其中一章有關「衝突關係的治療」中，再三舉證那些前世有憾或彼此惱、恨的關係，今生如何無可避免的又重逢在一起（不見得都是夫妻，關係會變），目的無他，只是要他們彼此學會寬諒與愛。

達夫妮是一位「今生今世」觀點的心理學者兼作家，她書中所舉的例子，只滿足了個人人格階段發展，卻並沒有學會兩人和諧廝守。因為她的「斷片」取材只有今生，這些人來世是否再聚不得而知；不過反過來，《靈魂伴侶》中也有類似達夫妮「階段發展」的觀點，兩個再相投的伴侶，也可能因「階段性人格（靈魂）發展完成」而和諧分手，不過差異點是他們的分離是「因完成而無憾」，比如被喻為「金字塔力量之父」的派催克．佛蘭拿根，先是遇到美豔的女星蘇珊，他們當然是靈魂伴侶，可是追溯前世時，發現蘇珊在佛蘭拿根眼前無助的死去（因病），而他卻因無能救她而愧疚。今生重逢在一段愉快的相處後，佛蘭拿根遇到他今生最理想的靈魂伴侶格兒，因為他們在追求解開「金字塔力量之謎」上有相同志趣，而蘇珊則得意於舞臺。不過佛蘭拿根依然承認，他和蘇珊今生的重逢，彼此增益了對方的人格力量，「我們在當時補足彼此的特別需要。當我們分離時，我們足夠強而有力，為自己開創前途。」

這種說法，令我們駭異的是，與研究今生今世情緣的達夫妮，說法完全一致。

巧的是，《靈魂伴侶》一書的作者強調「意識呼喚」理想伴侶的先決條件是，對自己的性格、性向、價值觀有充份了解，然後在心裡常常默唸默禱，對真正適合的伴侶一定要有確切認知。達夫妮一樣有類似說法，她認為對自己越了解，對伴侶的掌握就越準確，只不過她建議把條件「用紙筆寫下來」。（不重外在諸如形貌、財富等）

看來那些盲目的遇合——為性吸引、為結婚而結婚，或為某一其他目的而結合者，果然走上不幸，也就不足為奇了，因為在先機的「遇合」上，已經太天真或太草率了。

探討靈魂伴侶的用意，無意把「遇合」的希望「消極」的指向「來生」，而是希望藉由這些探討中，加速了解，把得來的觀點與智慧，在今生今世就得以發揮運用。正如魏斯博士主持的「前世療法」，往往能在催眠中找出患者的真正病根，透過了解與釋放（負面情緒能量），而使被醫療者在人格成長上，得到「加速」。

至於「靈魂伴侶」相處的境界，另文探討，以做參考。

成熟的愛
——「靈魂伴侶」的境界

頂著資訊博士的頭銜，世新教授余紹逖，在為妻子李慶安助選時，不遺餘力。對於別人「妻為主夫為輔」的質疑，余紹逖認為，除非欠缺自信，否則「各有各的舞臺與天空」，彼此應該互相支持與協助。

宋楚瑜在當選省長的當晚，面對大眾傳播媒體與支持的群眾，很感激的向他的妻子致謝，說她原本反對他再出馬參選，但在做成決定後，卻全力支持，激動處話語哽咽：「她幫我看到我所看不到的，聽到我所聽不到的……」

卡羅．皮爾森博士在《影響你生命的十二原型》中說：「我認識一位值得尊敬的女士，當她和一位男士相戀後，才知道他愛喝酒。於是，她把大多數的時間，都花在參加 Al-Anon（有酒癮者的伴侶所參加之團體），而那位男士則參加 AA（戒酒協會）。這些治療花了他們很多時間，她也必須犧牲一些理想。」

「與某一些人結合，比與另一些人的結合更有助於成長。如果我們回想不同的朋友和熟人在過去對我們的影響，我們就會較容易接受這一點。婚姻（或伴侶）應該建立在一種共同的目的上，即培養能力，幫助彼此成長。」（「靈魂伴侶」休・林恩）

無條件的愛

「靈魂伴侶」是一種理想的結合狀態，在最高境界，是助成彼此達到完善圓融，學會無條件的愛。未臻此境以前，則是漫長的摸索學習適應時期，也許和同一對象，也許在和不同對象的交往中，逐步在人格上消蕪除漬，磨稜去角，終致發展出圓融無私的性格。

廣義的來說，任何伴侶的結合，都是「靈魂伴侶」，甚而那怕它惡如敵寇仇讎——已經結合為配偶為伴侶了嘛！宇宙萬事萬物聚散無常，之間只有緣起緣滅，緣聚緣散，未能凝聚厮守的伴侶，往往有主客觀上「因緣」的不妥適與不成熟，而這因緣散滅，絕大多數包含了人格發展過程中未臻圓熟前的脆弱與不安。然而，在一切的不確定中，唯一可以確定的是，我們所有的人都願意在相處過程中，多追求些智慧，多加上些「人為」的努力，以換來緣份的久長，庶幾孽緣轉化成為佳緣，好緣不惡化為壞緣，實乃莫大幸事。

王邦雄教授曾提到五行的相剋相生，如何把性格上「相剋」的緣轉化為「相生」的緣，是一大智慧。筆者曾經為文縷析沈三白和芸娘之間相偕相得之樂，他二人天性上本已有太多相似處，再加上後天人為上的努力，彼此珍惜，終而成就一份千古良緣。但是，從前引諸例，我們似乎可以發覺，諸多可能導致「不和合」的案例，只要「雙方」「真心」相愛，彼此包容寬容，互相支持尊重，緣份還是可以久長的，而且可能在每一次考驗後，彼此發現，契合得更緊密了。

艾德加．克斯在一生研究靈斷過程中，物質上的境遇是坎坷的，他太太葛楚德是一位純家庭主婦，帶著兩個小孩。有一次在房租和雜貨店的帳單積欠未付的情況下，好不容易來了一個意外的狂喜——一位受助於克斯靈斷的人，忽然寄來一張支票，剛好可以還這筆債，可是家中男主人卻在還債途中，高興的買了一根釣竿和一副釣具。葛楚德依然愛他，她會攤開雙手，聳聳肩說：「上帝送來一次支票，祂會再送的。」何等的樂天與自信！

在不斷的感情挫敗與閱讀中，我察覺出自己過往性格上的脆弱與涵融性的不足（不是欠缺），不無追悔。整理兩性文章，至少對自己是一次參悟、覺察的大好機會。

妥協調適的藝術

人與人之間，常用彼此的「自我」，互相戟刺斲喪，伴侶相處，其實是一門「妥協調適」的藝術，只是這個「妥協」，不同於政治或貿易上的談判，「雙贏」的大前提是「真情」與「真誠」。有緣無緣，但看雙方妥協調適的好壞了。如果夫妻情侶之間很多事情一定要堅持「自我」，爭得臉紅脖子粗，甚而你死我活，廝守何義？很多事，「退一步海闊天空」，關係的危機或正成了轉機。

當然，任何「善緣」的大前提是「雙方」都「有心」，肯「用心」。如果只是單方有這種認知，一方卻固執不通，絕對是無益的。

情緣的最高境界，當是在相處與廝守過程之中，追求「無憾」。有憾有悔的情緣，終將在未來再度聚首，使彼此學會相處——也許今生，也許來世。

追求「全德」的漫長過程

人在成長過程中，要追求一個完善圓滿通達的「全德」，而這個「全德」所具備的「層面」是多面的，有時候我們可能在跟某位伴侶相處中，學會了寬容，跟另一位可能學會積極進取、或者是悠閒自在、篤定自信、勤奮踏實、善體人意、慈悲善良、沉著理智、熱情洋溢、自愛自律、堅忍卓絕……，所謂優點特性，其實並無「絕對」的價值，一切只有「相對」的意義。在相處過程中，如何融通自己性格的弱點，拓展性格（包容）的幅度，增加調適的彈性，如果肯用心，將會促使我們人格與靈性的層面，不斷增廣與加深。

也因而，除非是已經修養「成德」的「高人」，我們沒有任何人是完善的，正因為這不完善，使我們在人生旅途中，或者因為內心有缺憾；或者因為挫折不斷、苦悶沮喪，以致渴望一份愛來溫暖、滋潤、撫慰、支持、肯定我們的「自我」與「性靈」，而這份「愛」若能得到酣暢充足，正是我們生命最大的甘泉與雲霓。

「全德」的層面是多方面的，在未臻全德境界以前，每個人性靈上都有缺憾。此一缺憾，正好成為「互補」的缺口，在茫茫人海中，我們敏感的靈魂直覺會幫我們「覷出」、「嗅出」頻率相近、可以互補的伴侶，這是彼此「吸引」的「隱形」條件。它確實存在，只是我們不自覺。這是來電的緣由。

宇宙中沒有永恆不變的「伴侶」

「全德」的境界，有如一個完整的「拼圖」，每個人在自己既有的拼圖層面中，不自覺的靠著敏銳的靈識電波，搜尋著也吸引著可與自己「拼圖」、「合上」的另一片。這是「互補」

的產生。

正是因為「全德」的「層面」是「多向度多方面」的，所以我們在成長蛻變過程中，不同的階段，會吸引或需要不同的伴侶，以助成朝向「全德」的逐漸發展。以是理推論，宇宙中並無永恆的伴侶；反過來也可以說，長久說來，伴侶可以無數。

回過頭來看，為何有憾有悔的情緣，終將再度聚首？那是因為在某個層面上的「德」未養成，該學的沒學會、功課必須重做重修。現代心理學家都發現，許多人老遇到類似的伴侶，碰到類似的挫折與困境，很簡單，那就是他始終沒有蛻變出來，性格上的弱點也始終沒有成長。我們「自以為」成長成熟，有時是沒有用的，看看自己吸引的伴侶，以及面對困境時處理的手法，就是一面最好的鏡子，蛻變了沒有，再清楚不過。

如果我沒有理解錯誤的話，任何壞緣終將要學習琢磨成好緣，變成好緣後，可聚可散，即使「散」也無怨無悔無憾，只有愛與懷念。此「散」亦未必是「永散」，因緣際會，亦可再聚。

以此理推來，今生今世最理想的遇合，當然就是能敦促我們一起成長，彼此信任，互相支持，高度契合，彼此調適能力均佳的伴侶。任何一方或雙方的固執不通，終將成為「緣份」

的「殺手」——拼圖拼不上，不再有「和諧」。

那個陪男伴走過戒酒路程的故事，是很讓人動容的，那要多麼深厚的愛意、多大的包容與多篤定的信任，才能成就他們的廝守？

在情緣的結合中，我們不能寄望對方肯為我們做主動的「調適」，若寄望對方主動調適，自己的愛意不但脆弱抑且澆薄蒼白，這是我們一般人所以易於陷入「有條件的愛」的原因，既已「有條件」，那還有可能再「全心全意」投入？當然，建立「互相調適」的「共識」是很重要的，否則，任何一方的「曲意維護」，日久只可能成為「生命中不可承受之重」。

蘇珊・坎培爾在《夫婦之旅》中提到，一對夫婦要發展到一種轉變的，「共同創造」的關係，總要經過好幾個階段：假浪漫、權力鬥爭、穩定、互相承諾，最後才是互相支持互相幫助。一份關係是突破困境日漸契合，抑或僵化惡化到終至分手，關鍵點在第二個階段。這個階段，往往兩個人都想「同化」對方，希望對方遵照自己的步子走。往好處說，當事人可能為了二人易於「同心」，伴侶之路走起來較「平易」；但往往這卻是兩人扞格的開始，兩個人的「自我」都太強的時候，終造成一份情緣斲喪斷裂的隙縫。

《寶瓶同謀》裡提到，印度上師拉吉尼希說，我們大部份人的關係（不限情侶夫婦），其實都「只在邊緣互相碰觸」。妨礙兩性之間深層信任與親密的，是我們文化制約出來的一種「設定」，很多人都是用「征服」或「控制」的態度去接近兩性關係，而非尊重與信任。結果我們常常只看到在征服與控制過程中被扭曲了的人格與人性，而不再是對方的原貌。

學會放掉「我執」

「新時代運動」中，尋求一種「轉變的關係」，強調東方哲學「執著」的消退。「不執著是一種不固執的慈悲」。兩性總要到學會互相尊重互相體諒時，真正的信任才會產生。所謂的「生命交感」大約就是如此了，「彼此了解」、「相異卻可以相溶」，彼此進入對方的生命與心靈，卻又可以跳脫出來獲得自己的自由與空間。此其道無它——欣賞他，欣賞他之為他。

伴侶之間互相承諾以「廝守義」時，到底算不算一種「束縛」甚或「自由」的喪失？這就看怎麼看它了，當我們終而擁有了自己不具備的德，學會對方的專長或能欣賞對方的專長時，這時候我們因心靈的「開放」而擁有了更廣闊的視野與胸襟，這種情形是「自由」的擴大，卻不是「束縛」的增加。

「蒙特梭利學校」創辦人馬克・普羅非到波士頓大學任教東方宗教，以他敏銳的直覺覺知，他未來的伴侶，正在渴望有人為她的生命提供意義。不久以後他邂逅了她（伴侶確定是何許人，馬克無法預知）。「她似乎經歷了一種精神上的再生，在他們的和諧一致中發現一種不容置疑的力量，『我們奉獻得越多，彼此從對方所接受的也越多。』」

在馬克與其夫人伊莉莎白・克蕾・普羅非的努力經營下，他們先是成立了強調「重質不重量」、每個學生都受到「愛心和耐心」教誨的「蒙特梭利學校」，後來又在馬克死後不久，實現了他生前最珍貴的夢想——在蒙大拿野地的一處一萬兩千畝勝地，成立一處精神中心，這裡的成員，有各種宗教背景，彼此分享的是喜悅的友誼。

伊莉莎白・克蕾・普羅非曾說：「靈魂伴侶就是靈魂共享生命中一種互補的召喚。他們是伴侶——就『彼此是搭檔』這個意義而言，彼此很相像，很相配，因為他們的靈魂在同樣的層面上發展。」

靈魂伴侶在「同樣層面」發展

所謂「同樣的層面」，當然還是指水平相等，頻率相近，我們不可能去找一個跟自己對生命體認「落差」太大的伴侶，也不可能會去吸引一個跟自己當時「性靈拼圖」、「人格拼圖」太遙遠的對象，此原因無他——一切只是為了助成彼此的拓展與成長。

類似馬克・普羅非夫婦、居禮夫婦，或研究「金字塔力量」的佛蘭拿根那一對，或者如沙特與西蒙波娃這樣的結合……當然是最為幸運，他們不但志同道合，而且對人類世界，彼此都在做「同心協力」的奉獻。

即或不然，另一種結合也是彌足珍貴，一個有明確目標，另一個肯定支持，像研究靈斷的艾德加．克斯以及夫人葛楚德，就是典型的「夫唱婦隨」型，二人亦能和諧一致，攜手共度人生旅途。

再不，就如前面提及的余紹逖與李慶安夫婦，二人所學與工作領域均不同，卻能彼此肯定，互相欣賞與支持，除了尊重以外，彼此在「相異卻相溶」之中，擴大了自己的生命內涵，亦屬絕佳拍檔。

至於「性」，那是從屬，我不否認它在兩性結合中的重要性，甚至於它是兩性相處中，絕佳的潤滑劑與熱情觸媒，它可促使兩性和合中產生微妙的化學變化。但一切，只以「真愛」為大前提。

陳立夫先生曾說，他和夫人之間超過半世紀的廝守所以能夠相偕相得，二人之間一直秉持「愛其所同，敬其所異」的精神與胸襟。這兩句話，很值得仔細玩味。

對於尚在揣摩兩性和合境界的朋友們，不妨多去激發誘導出對方的善性——去欣賞他，欣賞他的優點。這裡引杜恒芬編譯的《如蓮的喜悅》一書中兩句話作結，這兩句話本是用來指導人如何建立正確的「金錢」觀的，但把它用到關係的親密上，一樣可喜，書上提到建立「豐足意識」——「獲得時感到豐足之恩，付出時也能感到豐足之恩」——啊！真好，我有能力付出。庶幾，我們也許漸能察覺，原來自己的內心世界，也可以是如此富足的啊！

一對一之美

愛情，是獨佔的嗎？

我一直忘不了，年輕時的憧憬，遇到一個與我真心相愛的伴侶，不但要今生相守，還要永世結合。那時候，我還沒有研究靈魂學，對生命的了解，是懵懂的。這種一廂情願的想法，當然只是一種文學心靈式的唯美與浪漫。

愛情美在人的想像力與創造力

如今，在整理過不少探討兩性的文章後，也在研讀過不少靈魂（心靈）學之後，理智上明知就長遠來說，生命並無永恆的固定伴侶，也知道緣會與心靈作用的微妙關係。然而，今生今世，此時此刻，我依然憧憬年輕時的美夢，希望有個與我對生命有同樣體認，共同攜手度過此生的良伴。方知人的想像力，實在力大無窮。賽斯說，愛情的「美」，主要來自人的想像力與創造力。旨哉斯言，在這兩句話前，我甘願俯首稱臣。人世間一切藝術與文學的美，莫不由之而來啊。方才發覺，自己的心靈，依然是唯情與唯美的。

愛情，是獨佔的嗎？

根據社會學家、人類學家、甚或生物學家的說法，愛情在我們老祖宗時代，並不是「獨佔」的，「獨佔」其實是一種「後天」的習得，是一種文化的制約；因為我們的老祖宗，無論男女，起先其實根本是雜交的，看到誰喜歡誰就和誰在一起，老祖宗注意的是在大自然中求生存，要與大自然搏鬥之餘並「本能」的傳宗接代。原先的愛是純生物性也是純生理性的，這一點在美國麻州大學名生物學教授也是美國國家科學院院士的琳・馬基利斯（Lynn Margulis），以及既是作家也是魔術師的多里翁・沙岡（Dorion Sagan）兩人合著的《性的歷史》中，有很讓人咋舌的闡釋。我們的老祖宗為了扣準對異性的吸引力，在漫長的「進化」過程中，如何經由（男性的）精子大賽、（女性的）身體偽裝（化妝）、或（男性的）陽具壯大……等等變化；為了傳宗接代，男性如何在鬥智與鬥力中，爭取自己的精子成功的植入所喜愛異性的子宮中；女性為了尋求生存與生活的保障，又是如何竭盡智慮的吸引住異性……長久以後，無論男女兩性，竟然都在生理與外觀上，有了重大的、利於生存與競爭的優勢演化。不禁令人慨嘆，在生命演化的長河中，個體的肉體生命，是多麼渺小卑微啊！

至於「獨佔」，其實實在是有些進化以後的事。

到了「獨佔」之時，「愛」已經由傳宗接代、肉體之愛，上昇到「心靈」了。婚姻制度的產生，就是為了「保障」相愛雙方廝守的穩定性。

愛情，是獨佔的嗎？

「獨佔」既然是後天的習得，以及心靈的「專注」與「提昇」，可不可以再經由另一次「學習」，把它給釋放？某些西方的社會學家已經開始研究，既然獨佔式的一夫一妻制亦帶來相當多的弊端與後遺症，諸如離婚、貌合神離、外遇、專制霸道、嫉妒控制……等等，是否可以經由對「獨佔」的「制約」，再轉而為可以「兼容並愛」？於是有人試著以一個（身心）性伴侶為主，另外數位心靈伴侶為輔；也有人主張有一位主要性伴侶，其他數位依次排列的性伴侶……

除了前者可以接受外，後者實在令我懷疑。目前國內也有作家學者提出類似的說法：在配偶之外，另尋覓愛侶，彼此都可以這麼做，但大前提是「家」要維繫住，配偶兩造在一個屋簷底下，依然是和諧的。

這種主張也許有它的優點，因為有不同的伴侶，愛的能量始終是流通的，生命力也可以隨時得到不同的激發與挹注。然而，我終而還是要懷疑，這樣的「愛」，就心靈深度來說，究竟有多少？

「一對一」的心靈之美

愛不只是肉體，愛的感受，其實尤其屬「（心）靈」，愛昇華到心靈層次，「獨佔」才開始產生，立論已見前述。「心靈」之愛，其精密度是毫髮有感，錙銖必較的，賈寶玉原先可以是博愛而風流的，為什麼獨到鍾情林黛玉後，他的愛情始精純？沙特與西蒙波娃兩人一生廝守，未曾結婚，相約各人可另尋愛侶，只是彼此以對方為主。結果，波娃會因沙特的愛侶而吃醋，反之沙特卻沒有這種現象。我無法把它解釋為沙特心寬，或沙特理智，忠於約定，故而可以不吃醋。但是我相信，沙特到臨老至死終而肯定，波娃才是他一生的至愛，也是他最好的愛侶。

再者，「心靈」之愛是需要灌溉的，心靈之愛也是可以成長的。肉體之愛有時而窮，肉體之愛可以生膩，肉體之愛在飽足之後可生拒斥之心；唯有心靈精神之愛，可以因飽足而滿溢人性的芬芳，而後澤芳他人；也唯有心靈之愛，可以常駐心頭，永不褪色。當一個人把愛的能量「分散」以後，又如何「生發」「凝聚」得出如此深切專注的心靈之美？又如何「精準」

的「體會」出對方深情的幽邃與清靈？

記得以前「養鴨公主」唐寶雲嫁給她的美術老師戚維義，兩人情愛之美好，羨煞多少眾生。然而曾幾何時，二人終而還是仳離了。當時唐寶雲說過兩句話「夫妻不能太膩的，太膩在一起的結果，終而是要厭倦的。」這兩句話可能要給多少愛侶當頭棒喝式的震驚。問題是，假如他們沒有「真」愛「摯」愛也就罷了，如果二人彼此有真情深情，在不耐「一時」膩得慌而分手後，假如有一天二人「心靈復甦」，又如何承受得起這種彼此「永失」的幻滅與無常？那怕它只是今生。

愛情，是獨佔的嗎？

說到這兒，我仍然冥頑的以為，愛情應該是獨佔的。如果覺得「獨佔」不好聽，無妨說它是「一對一」，至真至美的情，應該是一對一的。

我不否認，我也可以同時欣賞好多不同的異性美或同性美，諸如不同異性身上的威儀、神采、瀟脫、靈秀、熱情、溫柔體貼……甚而同性身上的嬌柔、嫵媚、俏麗、端莊、嫻雅、明理識大體等等，但是，我無法體會，如何在張三面前說出摯愛的話後，面對李四時卻啞口無言；或在張三面前說摯愛話語之餘，面對李四，依然說出同樣的話來。在兩性情愛上，我的心靈天平，只能容載一人。

唯有伴侶雙方是平等對待，真誠相處時，在遭逢喜、憂，內心最願與之分享或分擔的，一定是伴侶另一方，那種心靈上「互通相屬」的投契，實在是人世間最大的福份啊！

同樣的，跟愛侶相處，什麼苦我都可以忍受，唯一不能忍受的就是，當對方口中說出：「我（還）也愛她」之際，也就是我的愛情崩潰之時。

也許我很脆弱。但是，我寧願忍受孤獨，卻不能容忍不真誠或不用心。因為在交往結合之中，我的心靈絕對是只對準一人的——一份至愛之美——天地是如此廣袤，眾生是如此紛紜，為何你獨鍾情於我，而我獨鍾情於你，難道這還不值得珍惜嗎？

公、婆，都有「理」

——《男女大不同》

朱德庸的《雙響炮》，或者一般擅長譏諷兩性關係的漫畫上，常可見到這番景象——男的端著份報紙，報紙阻隔了另一方氣得橫眉豎眼的女人。女人生氣的原因是——他不跟我講話。

的確，據美國精神病權威統計，美國離婚的首要原因是：「丈夫無法溝通其感覺。」《男女大不同》的作者約翰・葛瑞博士(John Gray, PH. D.)在他的序言中，提到他和他老婆邦妮之間一段化險為夷的感人故事：

邦妮生產後在家照顧女兒，因生產時產道破裂，傷口疼痛，約翰・葛瑞特地請五天假在家幫忙，之後，他又開始上班。一天，邦妮止痛藥吃完，正巧作者的弟弟去探望她，邦妮委請小叔幫她買藥，孰料小叔一去未歸。邦妮忍痛忍了一天，待丈夫一下班回家，就開始抱怨。雙方竟發生爭吵，然後約翰・葛瑞正要拂袖而去，邦妮叫住了他，說了一段很感人的話：「停下來，請不要離開。這是我最需要你的時候。我在痛，白天都不能睡覺，請聽我說……約翰．葛瑞，你是個『好天氣朋友』！當我是甜美、可愛的邦妮時，你在我這邊，但當我不是時，你就會走到門外。」然後她眼睛充滿淚水，說：「現在我正在痛苦中，我無法給你什麼，這是我最需要你的時候。請抱著我，什麼也不必說，我只要感覺你的手臂環繞著我就好了。請不要走開。」

結果，作者相當訝異的發現：「在那一刻我才了解無條件的愛的意義……我成功地在她需要我時能給她一些她需要的，這種感覺像真的愛情……我驚嘆於用這個方法支持她是多麼容易。」

邦妮是約翰．葛瑞的第二任妻子。作者突然了悟何以他第一次婚姻維持得既痛苦又艱辛。這件事終於鼓舞作者花費七年時間研究如何促進兩性和諧，而寫成《男女大不同》這本書。

了解差異，相愛並不難

我所佩服的是邦妮臨危機轉的那番話所呈現的智慧溫柔與人味，結果，化解了雙方的憤恚與誤解。不曉得有多少人會在約翰．葛瑞準備拂袖而去的當口，採用的對策是：憤怒對憤怒，冷漠對冷漠。

作者把男人比喻為火星上來的人，女人為金星上來的人，兩種人互相吸引，卻完全用不同的方式行事，不同的語言內涵對話，不同的感情期待。因為有太多不同，要不發生摩擦誤會，也難。

全書十三章，章章精彩，為我們作了不少兩性差異的比較解析，我覺得很有意思的是，兩性之間很多差異是我們完全不自覺的，即使時至今日，在我整理過不少兩性文章後，依然要為約翰·葛瑞的細心敏銳讚嘆，為他點出一些我們習以為常卻容易造成兩性誤會的地方拍案或莞爾。

特別值得注意的是作者的「『橡皮筋』與『波浪』理論」、「男人去洞穴，女人要說話」、「男女不同的記分方式」，以及「男女不同的感情需求」，作者明白指出，我們常用自己想要的感情模式去期待對方並對對方付出，自以為付出了愛，但因為這模式不是異性了解與想要的，結果卻遭致對方的誤解、失望與憤怒。

「橡皮筋」與「波浪」

在《男人為何不開放》這本書中，曾明確為我們說明男人恆常在「疏離（獨立自主）——親密」之間擺盪，這種說法到了約翰·葛瑞的《男女大不同》中有了進一步的剖析，《男女大不同》中把「疏離」改叫「脫離」，因此衍伸出「橡皮筋」理論，就是說，男人在習性上，無論與一個女人再親密，感情再好，只要當男人覺得有困擾，有難題待決或想從親密中走出，暫時拋卻羈絆與責任，喘口氣，享受享受「獨立自主」的樂趣時，他可能就會突然變得冷漠、沉悶、不耐煩、難以親近，甚或走離女人身邊。

不了解男人這種習性，女人往往會恐慌、不安，以為自己犯了錯，對方要變心。而糟糕的是多半男人不是不自覺自己的脫離，就是不以為自己的脫離會傷害女人或認為有必要跟女人打個招呼來穩住她的心意。常看到的情況是，當男人像橡皮筋一樣開始往外脫離時，女人恐慌得又氣又跳又吼又叫，結果嚇得男人跑，女人追，女人越追男人越躲。我從很多心理學書上看到，憑是再有才有貌的「可人兒」，原先嬌嬌滴滴，矜持嫵媚，在不了解兩性差異的情況下，被男人「惡激」成了聲嘶力竭、頓足捶胸、憔悴狼狽的「惡婆娘」。而男人也一樣，一個沉穩溫和有責任感有愛心的男人，在不知自己造成對女人傷害而又不曉得該如何來安撫她時，逐漸失去愛心耐心，而成了負心或沒有責任感的人。

約翰・葛瑞給女人吃了一顆「定心丸」——男人的脫離只像橡皮筋，他有一定的脫離距離，當他調整好自己的心態情緒，就會滿載愛的動能「全速返航」。女人所要做的，只是了解他的習性並尊重、滿足他想「脫離」的欲求。男人將會很感激。而男人該做的，則是讓女人放心，他只是「去去就來」。

女人的情緒週期則像「波浪」，上下起伏，在波頂時她愉悅、樂觀、自信、溫柔體貼，十足一個可人兒；可是一旦累積太多負面情緒及委曲時（來自各方面），她就沉入谷（波）底，此時她沮喪、不安、嘮叨、埋怨、沒耐心、不溫柔……這時候的女人，可能給男人「難纏」的感覺，不曉得該如何面對？怎麼與這個階段的女人相處？留待後述。

男、女這種「橡皮筋」與「波浪」，都是有週期性的，據作者說，像女人的月事一樣，大約都是二十八天左右一個週期。人的情緒週期原本就是二十八天一次，這些應該是有關連的。

男人去洞穴，女人要說話

「男女最大的不同在於他們如何處理壓力。壓力來時，男人會越來越集中注意力而變得孤立；女人則愈來愈不知所措和變得情緒化。此時，男人對提昇感覺的需求與女人不同，他藉由解決問題來讓自己舒服，而女人則藉由談論來使自己紓解壓力。若不了解或接受這個不同，我們的關係就只會徒增摩擦。」

女人快樂時可能像黃鶯像小雀，吱吱喳喳，憂愁煩惱時又變得嘮嘮叨叨，女人藉談論感覺與問題來紓解壓力，尋找親密與認同是有的，這方面她跟同性之間溝通，通常不易有誤解與阻礙；但是女人「想說話」這個習性卻常遭異性，尤其是自己的愛侶誤解與不耐。我想女人在壓力來時想找愛侶傾訴，為紓解壓力的成份固然有，另一層很重要的因素是「撒嬌」——不管表面她說了多少，說了什麼，背後真正想打的訊息其實是：我正忙正累正承受極大的壓力喔，希望你好好疼疼我。

就這一點差異性比較起來，女人在習性上依然比較「愛嬌」，個性比較柔軟，男人則顯獨立陽剛。

只是，要怎麼說才能吸引住男人的心與感覺呢？男人往往誤解：你會說可能是希望我提供解決方法。其實，女人多半的時候只是希望自己的愛侶先了解並「感同身受」也就夠了。這一點，約翰・葛瑞說得沒錯，男人只要做個「支持者」、「傾聽者」就好了。可以給忠告，但不要批評，不要說教。

男女不同的記分方式

如何給對方打分數，因為兩性的差異，也有顯著的不同。

這裡特別值得注意的是「無論男人為女人做的是大事還是小事，女人都只給對方一分」，這一點對男人來說，真不啻是「福音」，甚至，男人越急著去忙他所謂的大事，女人越抱怨。一個男人月入五萬時太太也許還對他甜甜蜜蜜，等他月入數十萬卻忙得不可開交時，房子車子越換越大，存款簿上數字越積越多，也許女人反而下堂求去，或怨怒連連，這一點是很讓男人不解的。約翰・葛瑞就是在無意中發現為他太太做小事而顯露他體貼的一面時，反而賺來太太更多的嬌柔喜悅與夫妻情趣。這些小事可能是：擁抱、聊天、送她禮物、陪她上小館、出去走走、幫幫家事……終而使他決定，他本來一天安排八個顧客的（他是心理醫生），以後只排七位，把原先給第八位顧客的時間留給自己的老婆。從此，他夫妻二人情感更加和諧，反倒促使作者事業更成功，作者很感慨的說：「我發現，在家的角色成功可反映在事業上。事業的成功不只靠努力工作，也依賴我取信於他人的能力。得到家人的愛，不只使我更有自信，其他人也會更相信我，更感激我。」「有了女人的感激與鼓勵，男人會逐漸學習把小事看得和大事一樣重要，他會逐漸減少追求（世俗）成功的衝刺，而多花點時間，與太太、家人輕鬆相處。」

我記得有人說過，男人不見得不能把心思用到「取悅」女人身上，你看看多半的男人可以如何細心謹慎的討好客戶和上司，為何對身邊女伴，他就說：「不會」或「沒辦法」？看來，「是不為也非不能也。」

作者特別強調，「想像女人有個像車子汽油槽般的愛槽，這個槽需要不時地加滿。加滿女人愛槽的秘密是做許多小事（可得許多分）」、「女人記分的方式不只是嗜好，而是真的需要。女人在關係中必須得到對方許多愛的表達才能感到被愛。」男人們啊！女人其實是很好「哄」的，有人曾說女人很傻，是，這就是女人所以愛聽「甜言蜜語」的原因，也就是「我愛妳」這三個字對女人而言千聽萬聽也不膩煩的魅力。（當然，說這話要真誠，否則變成「順口溜」時也就不值錢了。）

男人的記分法，最重要的是女人給他的「信任、接受與感激」，簡單的說，男人希望自己在伴侶心目中，永遠是「英雄」，男人生怕自己不夠美好，會失去愛，所以伴侶給他的信任、欣賞以及接受他的現況，對男人就是最好的鼓舞；其次，當男人犯錯時，女人不批評不指責，依然支持他、信任他，男人在一份愛情裡就「篤定」了；第三、男人其實是很願意「取悅」他心愛的女人的，但只有一點，女人要懂得「感激」，如果女人對男人給她的一切關愛與體貼，都視為「理所當然」，男人的熱情將逐漸冷卻。

作者特別強調，在一份關係裡，女人要開始學習「要求」，而男人要開始學習「給予」，幾千年以來，女人早已習慣「付出」，女人的弱點是不慣「要求」，女人冀望男人主動付出，但是男人的弱點就是不會主動付出，結果造成女人不滿，以致齟齬連連。坊間早先年的一些文藝愛情小說，曾給過我們這樣的印象：男主角非常細心體貼，常主動為女主角做很多事。這樣的印象不曉得害慘了多少「浪漫迷」，因為女人會把那樣的男子當成一個標準，甚至有的女人根本從自己身邊男伴是否會主動付出來「考驗」對方的愛情。

當然比較讓我們（女人）驚訝的可能是男人給女人的「扣分」法，男人可以因為他自己犯了錯，而女人怪罪指責導致「惱羞成怒」，一時氣憤得把女人過去對他所有的好全部扣光，甚至扣成負分。這是對女人非常不公平的地方。倒也好在，女人只要拿愛與包容來對他，失去的分數又可馬上得回。看來，柔情與溫愛還是魅力最大，「柔能克剛」啊！

男女不同的感情需求

從前文敘述，可以了解女人比較需要男人給她的關心、了解、尊重，而男人卻最希望得到女人的信任、接受與感激。我想，女人容易不自覺的傷到男人的地方可能就是在此，女人愛上一個男人後，因為關心他、怕他吃虧、受傷害，常會給他出主意，結果男人往往會誤以為這是女人打出：「你還不夠好」的訊息，男人會覺得女人不信任他或還不能接受現在的他，這是多半男人所最承受不起的。男人常嫌女人嘮叨，這也是事因之一，他覺得她該信任他有足夠的能力去處理很多事。

結　語

看過這麼多探討男女感情的書後，無可否認的是，《男女大不同》裡的解析，獨能帶給人莫大的鼓舞，因為約翰・葛瑞把兩性之間「習性」上（不是「天性」）的差異，幫我們精確的指了出來。很多東西是我們「習焉不察」的，經他點出，方才恍然大悟。難得的是，他用對比兩性差異的方式，教我們如何了解對方之餘，同時自己也做出正確回應。他舉出好多日常事例，經過他的心理分析，很多可以造成爭執的事件或言行，都將「化戾氣為祥和」，產生良性互動。看他的書，使人覺得兩性之間充滿希望，我在閱讀此書的當兒，真是充滿著喜悅的。難怪，許多瀕臨婚姻危機的關係，只要經過作者輔導，就又「起死回生」。

近二、三十年來，世界學術一日千里，尤其是心靈學、意識學興起後，為我們在心靈層面開拓出更深廣的天地，很多我們以前認為「必然如此」、不可能改善、不可能樂觀的事情，都可透過信念與行為的轉變，而帶來新的景象與希望。

不過，作者特別強調，學習任何「新事物」、「新觀念」，尤其是要把它「內化」成行為與習慣，至少要重複「聽」（或「看」）兩百次。總結一句話，還是得當事人「有心」才行。

既已相得，苦又何憾？

——《蔣碧微生死戀》讀後

讀完楊貴麟先生著的《蔣碧微生死戀》（世界文物出版），發現這真是一部感人肺腑、令人不勝唏噓慨嘆的真人真事，甚至可以說它是人世間少有的情愛典範。我曾疑惑凡人的「愛到深處無怨尤」到底是一種什麼樣的景況與境界？終於在張道藩和蔣碧微的戀情中，找到了答案。

記得讀大學時，我被陸游和唐蕙仙的愛情故事感動不已，上文學史課時坐在後排「偷」看那部描寫他們戀情的傳奇小說——《釵頭鳳》——迴腸處，不忍頻頻垂淚。

後來又喜歡唐玄宗和楊貴妃的愛情故事，尤其是唐玄宗在創造了輝煌政績之後，猶能表現出他體貼多情、深情的一面，不像一般政治人物的「才雄心忍」，使我更加欣賞唐玄宗這一面非常「人性」的溫柔與可愛。而當他倆的愛情，發展到楊貴妃在馬嵬坡被迫賜死，「君王掩面救不得，迴看血淚相和流」時，相信這種最深沉的愴痛，將給予天下有情人「不忍」到極點的撼動。

然而一者或許由於時代久遠，我們不太容易感知他們當事人情懷的點點滴滴，（陸游的一些感懷詩詞及唐蕙仙與之相和的那首「釵頭鳳」是很感人的，我幾乎每次讀每次落淚。）再者他們的故事，好像缺憾大了些，結局太悲愴——唐蕙仙離開陸游後，雖則碰到一個好丈夫，但卻鬱鬱寡歡在四十歲盛年就夭折了；而唐玄宗和楊貴妃的故事，則又使楊貴妃在馬嵬坡兵變中被迫喪生——似乎這些故事美則美矣，卻嫌太過淒豔，既使人心難以負荷，也使人覺得他們的愛情，沒有一個較完整的發展，而心頭有些悵悵然的不足感。

蔣碧微和徐悲鴻、張道藩則不然，一來他們是當代人，我們可掌握的資料很多；再來張、蔣之間的戀情，苦則苦矣（此痛苦是處境帶給他們的），然而，他們卻有「相知相得」的喜悅，雖然無法整日廝守，但幾十年中，算得上是「常相左右」，甚至他們還有十年的共處。更難得的，是他們彼此之間的互諒互敬，彼此珍惜，發展出的那份圓融堅定的相處智慧，已足為世人垂範。

愛情也可以是一種事業，古往今來，偉大的愛情並不多，可是成功的事業不算少，以此看來，偉大的愛情甚至於比事業更難成就，因為，它涉及到當事人兩造「遇合」對了沒有這種「先天」條件的限制，光這一「篩檢」已經不知否定掉了世間多高比率的遇合？再來才是當事人雙方「後天」的努力，小心「將養」這棵愛苗，不停的以愛心、耐心、互諒、互敬、心心相印……來灌溉這棵幼小脆弱的苗株，中間不能生變、不能厭倦，才逐漸成就一份全始全終的感情，巍峨成一棵卓然挺拔的愛情大樹。

蔣、徐、張三人之間的戀情，所以特別足以作為世人借鏡的原因，除了三人均為才子才女，天份極高，均有相當事業成就之外，再者三人之間的兩份戀情，一敗一成，似乎也給了世人一個強烈的對比及發人省思的旨趣。

你如果看到當徐、蔣二人剛開始為不能結合而苦惱不已，後來在康有為出的點子下，蔣碧微甚至不惜打破禮教世俗的約束，情奔徐郎；看到他們在東瀛如何吃苦如何互相安慰；看到他們留法時如膠似漆……這般強而有力的吸引條件，實在想不出何以後來二人會情海生變？

嚴格說來，徐悲鴻敗還是敗在性格上的缺失，就一個藝術家來說，他有了不起的天份，對藝術已到癡狂的執著，一副絕對真純可愛的個性，不斷鞭策自己上進的雄心……可謂優點多多。可是何以在愛情道上會敗得如此悽慘？看來關鍵還是在於他的「無心」。

再拿他來和張道藩的為人處世相比，我們發覺他們二人在性格上簡直判若天壤，張道藩事事「用心」顯現出的那份體貼和細心，強烈對比襯映出了徐悲鴻在為人處世上的粗率與無知無覺。

我們再不能說一份健康的感情對任何男、女是不重要的，那怕是一個事業心再重、再理智、再堅毅的男人。檢視徐悲鴻生命中經歷最重要的三個女人——蔣碧微、孫韻君、廖靜文，前兩者都可說是非常優秀的女性，可是徐悲鴻在命運的擺佈下相繼錯失她們兩位後，可以看出他在意志上多少已走上「自我放逐」的無力道路，中年之後的徐悲鴻，儘管畫業卓然有成，享譽國際，可是我們卻也看到了他心靈上的乾涸與憔悴。

而張道藩呢？儘管和蔣碧微一直在相思的煎熬下，痛苦不堪，可是有了蔣碧微在感情上的相許與回應，我想他的心靈是滋潤飽滿的，可以傾他心力——一種自己愛、又被愛的飽足的性靈——去面對黨國重託。像張道藩這樣一位從政而又一再身膺要職重任的人，你絕不會說他缺乏理性或大智慧。可是他表現在「渴望」愛情上的那一份「依賴」，以及對蔣碧微那份濃得化不開的愛，和動輒為可能會分離而引出的涕泗滂沱……十足讓人咋舌。不過，這些表現不但一點都不會折損他的丈夫氣概，而且不會減損我們對他事功上的敬重，甚至更為他「人性」的一面，擊節嘆賞。

張道藩的愛心不絕，我想，這可能就是流水不腐，源頭活水的道理吧，他的性靈永遠飽受滋潤，所以他的創意永遠鮮潤光彩。

因此，我越來越相信，古聖先賢所說「陰陽調和」、「陰陽互濟」的道理。我們這一生，大約只有透過「真愛」，找到理想的另一半之後，在另一半的相愛相助，互慰互勉下，「完成」較完滿的人生。

反觀，為數不少的世人，因為缺乏對「愛的真諦」的體驗和認知，過著缺乏心靈溝通、性靈契合的日子，這種感情生活是何等的蒼白與貧乏？形雖守，雖有「婚姻契約」的保障，又有何用？這種「遇合」，也許不苦，但卻可能是可悲的，等而下之，就是那些既苦又悲的際遇了。

徐悲鴻的一生，除了他的藝術成就外，可說是一個悲劇，他在大家（讀者）眼中，可能是既可愛又可恨，更可能是可愛多於可恨，因為，他的「無心」固然造成了那麼多的悲劇，可是他的「沒有機心」卻也正是他最可愛的地方，十足藝術家氣質——這個人總是太情緒化了，對很多事，缺乏深沉的思慮，總是想到什麼就做什麼，跟他相處的人也許很累，可是他卻從來不知自己已經又「不小心」得罪人了。——所以說正由於他的「無心」，他對別人的傷害也往往是「無心」的。對這樣一個人，跳開來看，也許是可愛多於可恨，因為就他的性格能力——人際關係能力——來說，他是一個十足的弱者。對於他的「無心」，也許我們就不忍再苛責了。

所以，當我們看到徐悲鴻屢被蔣碧微摒棄門外，而孫韻君那兒又在陰錯陽差中錯失過了之後，可以想見他的憔悴狼狽，無力無助，他所以會想去攀附一份愛，所以會去放縱情慾，那種心靈上的「自我放逐」是可以理解的，他的境遇，已可用「沉悲」來形容，令人不勝唏噓。後來當我看到徐悲鴻去世那一段時，已經哭得當天再也讀不下去了。

當然，我也無意指說蔣碧微對徐悲鴻的做法是一種「絕情」，因為一個藝術家（或粗心的人），他的「無心」往往也就造成他「無視旁人旁事」的粗心，而導致言行上的「自私」或「沒有分寸」，這一點，就相關或相對的人而言，是很難相處與熬忍的。所以我們會更喜歡「周到」的人不是沒有原因，因為他會有更多的時間想到別人。

可是，相對於張道藩和蔣碧微後來那一份感情彼此「將養」的「小心」，似乎還可以給我們一點啟示：那，蔣、徐之間感情的決裂，除了徐悲鴻的「無心」外，另一致命傷大約在蔣碧微這邊的「怨」上。

從解事以來，看到的聽到的，男女不和合，也就是兩性之間的盲點，大約多半是因男人「粗」而女人「細」。本來我以為只有中國的男人是大男人主義，中國的女人備受委屈，別地方的男人大概不會是「同等動物」。後來讀到美國的一位女性心理學博士蘇珊・佛爾著的《如何與大男人相處》一書，方才發覺，舉世滔滔，原來只要是人，大約就都面對了同樣的困惑。

長久的觀察與省思，我發覺，大約是女人怕男人的「無心」，而男人怕女人的「怨」，男人一無心就不再可愛，就像女人一怨也不再可愛一樣，這兩相對擊的結果，是男人委屈，女人也委屈，再加上溝通不夠，結果雙方都以為自己「瞎了眼，找錯了對象！」這樣的例子，太多太多。

我不想探討目下離婚率越來越高的原因，因為不了解「真愛」的世間男女，多得數不清。我們人類，成長很慢，很多事都是「不經一事不長一智」的，普遍缺乏「先知先覺」的深度與能力，難怪很多事會在「無知」中摸索。「經一事長一智」的，還是有心人呢。

比較張道藩和蔣碧微那一份深情，我想我們為數不少的世人要覺得羨慕甚或慚愧。因為相對於他們兩人之間的那種醇厚、真誠與堅韌，我們很多人的感情，顯得淺薄、蒼白而脆弱。這個醇厚、真誠和堅韌，一方面是天性、一方面靠修養。

我不知蔣碧微後來所以可以跟張道藩處得那麼好的原因，除了二人有「投合」的先決因素外，是否也有她因和徐悲鴻之間感情失敗而磨練出來的智慧？把這一份智慧，小心的灌溉到和張道藩之間的愛苗上去。

人性其實有無限啟發的可能性。當二人「無怨無悔」、「互敬互愛」的相處下去，怎麼可能彼此厭倦？因為我們可從彼此的「相知相得」、「互慰互勉」中得到最大的鼓勵和喜悅，人生從此不再孤寂，生命才真正顯出堅韌的力量來。

當然，這只是理論，問題是世間偏有一些「天生神經粗糙而不細緻」的人，又不肯「用心」，那，談再多也是枉然。

愛，是需要學習的。有感情的男女雙方，是需要共同成長的。這個社會上，到現在還普遍存在著這樣一個似是而非的觀念：男人，事業為重，愛情只是他生命中的一部份。他必須學會壓抑感情、埋藏感情，否則就是「沒出息」！

想想看，壓抑、埋藏的結果，久而久之，本來就不大細緻的神經，豈不要更加「無感」

了嗎？那兩性之間相處，盲點豈不更大？那可怕的錯失，將會越來越嚴重，也就難怪會衍生越來越多的社會問題了。

還有什麼會比內心感情世界的空虛荒蕪，或整天沉浸在怨、怒、瞋恨之中更可怕更可悲的呢？

當然，人性並不都那麼美好，女人也未見都是優點。但，我這只是就男女雙方某個可能努力的方向，提出來討論。就張道藩來說，愛情事功兩相得，以他一個受藝術薰陶，有藝術氣質的人去從政，可謂感性與理性兼而有之，感情的掌握與拿捏，會比較有「合理」的分寸（不會一味的壓抑掩飾自己的情感），滿腔的熱情有正當的寄託與宣洩，這大概是他生命中「無虞匱乏」的真正動力吧。

張道藩和蔣碧微雖未「正式」結合，那又何妨？比比那些正式結合卻又貌合神離的人，他們才是真正幸運的一對。我所以會拿他們來和陸游、唐蕙仙，唐玄宗、楊貴妃之間的戀情做比較，實在是著眼於他們的愛情，有了更完美圓滿的發展。尤其留下了那麼多細緻而又深刻的他們「情懷」的點點滴滴，給了世人無窮美好的啟示。

說他倆已經做到「愛到深處無怨尤」，除了在他們幾十年來往的信件中可以看出外，另四十八年蔣碧微臨去南洋前決定和張道藩分開寫的那封信，實在真誠感人，茲引兩段，作為本文的結束：「四十多年前我們初相見時，大錯已經鑄成，『恨不相逢未嫁時』，古今中外，有多少宿命論者在這樣的愛情悲劇下飲恨終生。然而臨到你頭上，你便像追求真理般鍥而不捨，你和我用不盡的血淚，無窮的痛苦，罔顧一切，甘冒不韙，來使願望達成，這證實了真誠的人性、尊貴的愛情是具有無比力量的。現在我們再回顧四十年來的重重劫難，不是可以䩄然相向，會心一笑嗎？宗，你該曉得我是多麼佩服你的果敢堅毅！」「……在我們生命中最重要的情愛問題必須告一段落，好在我們已經有了彌足珍貴的果實。——希望你，不必悲哀，無須神傷，你和我都應該感戴上蒼，謝謝祂對待我們的寬大與仁慈，甜美的回憶儘夠廝伴我們度過風燭殘年……」

而我，也衷心盼望，世人皆「有情」，這是一個——有情的世界。

千古遇合
——說三白與芸娘

自古佳偶天成，又能形諸文字，詳實記載的，可謂絕少，《浮生六記》是這絕少中之一，尤其沈三白本籍沒無名之人，卻因《浮生六記》中述出他和芸娘夫婦相得之樂，不但因此不朽，亦堪為世人表率。

先機上的「遇合」

我們看到《浮生六記》中，沈三白與芸娘的相偕相得，真忍不住會羨慕萬分，似乎一份相得的愛情，與我們今生無緣，或者有緣而它尚未出現，或者……筆者恆常以為，「遇合」的良窳，是男女因緣的先機。

這麼說或許不免太過消極了些，但是，愚意以為，不同的人，固然可以談出不同的愛情風貌，世上因此呈現千差萬別的愛情面目；即使同一個人，跟不同的對象，也可以譜出迥異的戀曲旋律。此理在閱世漸深後，想來並不玄，其實很簡單——人情人情，包括情感情緒，人的一切思想言行，固有它性格上本然的基調，不過基本上來說，它們仍是會隨周圍的情境與不同的對象相應感發的。同樣的事，讓不同的對象碰著，合者易合，而不合者易生誤會齟齬。如若相合的鏈帶與齒輪，加上潤滑油，運作起來二者渾如一體；而尺碼不合者，即使加了潤滑油，運作起來不但要戛然聲響大作，甚且互相撞擊得兩敗俱傷，軌出轍挫。

也許不免有人要問：既然遇合是先機，那麼吾人是否只能消極的「等待」「善遇良緣」的到來，而人力在這件事上竟無有可以著力處？我以為答案仍是否定的。

再好的遇合也需後天相處上的努力；而不甚「投緣」的對象亦仍可藉「雙方」的「有心」來促成彼此的了解與愛苗的成長。我想天下任何事，無不勞而獲，即使貌似無心扦插而成的柳蔭，恐怕亦有許多不易為人查覺的努力在其中吧！

以此理來審視三白與芸娘，我們似乎仍可抽離出許許多多他們二人之間相合相得的因素，來作為我們的參考，亦正足以證明天下沒有白吃的午餐，我們任何人，在情感的獲得上，不能任性而為，否則再好的緣份，可能依舊，遲早要失卻！

當然，三白和芸娘，都是性情愉悅而善良的人，他們有很多共同點，這是促成他們「遇合」的先天因素。比如他們同樣愛美、富有藝術才情，同樣淡泊名利，知足常樂，而最難得的是他們曠達的心胸，即使處在困窮的環境，他們依然能從容不迫，活出樂趣與閒情來。比起他倆，我們大部份人也許活得太過忙碌，日子不但因此機械少趣，甚且無暇深求存在於宇宙萬物之間的理趣、意趣、情趣，連夫妻二人的「心靈」，彼此都不相探求了，更遑論其他？而三白與芸娘，二人不但同心同好，又能同樂其中，難怪要成就一段千古因緣，讓人稱羨。

我們且看林語堂怎麼讚美芸娘和三白：「芸，我想是中國文學上一個最可愛的女人，她並非最美麗，……但是誰能否認她是最可愛的女人？她只是我們有時在朋友家中遇見的有風韻的麗人，因與其夫伉儷情篤令人盡絕傾慕之念，我們只覺得世上有這樣的女人是一件可喜的事……」「我們看見作者自身，也表示那種愛美愛真的精神，和那中國文化最特色的知足常樂恬淡自適的天性。我不免暗想，這位平常的寒士是怎樣的一個人，能引起他太太這樣純潔的愛，而且能不負此愛，把它寫成古今中外文學、最溫柔細膩閨房之樂的記載。」「因為在他們之前，我們的心氣也謙和了，不是對偉大者，是對卑弱者，起謙恭敬畏，因為我相信淳樸恬退自甘的生活（如芸所說『布衣菜飯，可樂終身』的生活），是宇宙間最美的東西。在我翻閱重讀這本小冊之時，每每不期然而然想到這安樂的問題。在未得安樂的人，求之不可得；

在已得安樂之人，又不知其來之所自。讀了沈復的書，每使我感到這安樂的奧妙，遠超乎塵俗之壓迫與人身之痛苦——這安樂，我想，很像一個無罪下獄的人心地之泰然，也就是心靈已戰勝了肉身。因為這個緣故，我想這對伉儷的生活是最悲慘而同時是最活潑快樂的生活——那種善處憂患的活潑快樂。」（《浮生六記》林語堂序）

林語堂先生強調他們已達安樂之境，自是一語中的，這是我們一般人不易達到的修養，而卻是他們二人得天獨厚的曠達天性——他們胸中自有天地。當然，他倆一生中亦有致命的大缺憾，不是情感方面，正是現實上的困蹇，我們不必過甚其辭，故唱高調，生活一旦淪入需要經常借貸，尤其是貧病交迫的時候，再怎麼說都是悽慘不安的，再曠達的天性，也禁不起這現實上的磨折啊！芸娘血疾之不治而夭亡，寒愴的現實不正是她的催命符嗎？

不過，本文重點不在論述現實環境之於人生的影響，就此打住。

說風流蘊藉

我以為，沈三白和芸娘愛情之美好，在曾昭旭的〈說沈三白和芸娘的風流蘊藉〉（《不要相信愛情》）中，已有了最佳的詮釋，曾教授絕對算得上深體風流蘊藉的妙韻，這裡且引一段文字來欣賞：「……那麼我們能有什麼辦法讓愛情長存？而答案唯一，那便是讓浪漫通過人文，以成風流蘊藉。原來由浪漫所引發的激情，是如拋物線般有一個最高點的。在此之前是一種恍如天上的自然曼妙，但過此之後便成人天相抗的勉強激越。使愛情宣洩無餘的只因過度透支，如果能在達到最高點以前聰明地自我節制，感情便不必因開放而轉成裸露，節餘之情便有機會以另一種同樣動人的風貌呈現。」其實，換個比較具體的說法就是：激情是把熱情「凝聚」為「一點」，而風流蘊藉則已使它「長流」。

夫妻或情侶，能相知相得到這種地步，實在是人生至樂，它已然不再是急湍驚瀑般之駭人耳目、惑人心弦，卻只如花開水流雲行，一切只是自在自如。你有了任何得意與失意，也只最願找他分享或共擔，從他那兒，可以得到最好的支持，也可以得到最佳的忠告。情感之到此，已如影之隨形，無往而不佳妙，亦無往而不諧和。

性格的活潑

三白與芸娘，都是生性活潑、不受禮法習俗迂拘的人，我們可以從他們的很多事情上，看出二人所流露的情趣，亦俱見二人的靈思巧慧，實在是日常生活言行上的最佳潤滑劑。

芸娘年方十三，即知「藏粥待婿」，已可見出其細心有心；婚前三白出痘，芸娘即暗中為他吃齋，為期數年之久，亦可見用心深矣。

新婚不久，三白夜歸，見芸娘閱《西廂》入神，二人互誦心得之後，「伴嫗在旁促臥，令其閉門先去。遂與比肩調笑，恍同密友重逢；戲探其懷，亦怦怦作跳，因俯其耳曰：『姊何心春乃爾耶？』芸回眸微笑，便覺一縷情絲搖人魂魄，擁之入帳，不知東方之既白。」

又如芸娘要三白吃滷瓜一事：「其每日飯必用茶泡，喜食芥滷乳腐，吳俗呼為『臭乳腐』；又喜食蝦滷瓜。此二物余生平所最惡者，因戲之曰：『狗無胃而食糞，以其不知臭穢；蜣螂團糞而化蟬，以其欲修高舉也。卿其狗耶，蟬耶？』芸曰：『腐取其價廉而可粥可飯，幼時食慣。今至君家，已如蜣螂化蟬，猶喜食之者不忘本也。至滷瓜之味，到此初嘗耳。』余曰：『然則我家係狗竇耶？』芸窘而強解曰：『夫糞，人家皆有之，要在食與不食之別耳。然君喜食蒜，妾亦強啖之。腐不敢強，瓜可掩鼻略嘗，入咽當知其美；此猶無鹽貌醜而德美也。』余笑曰：『卿陷我作狗耶？』芸曰：『妾作狗久矣，屈君試嘗之。』以箸強塞余口，余掩鼻咀嚼之，似覺脆美；開鼻再嚼，竟成異味，從此亦喜食。」

芸娘的機智反應，風趣逗人，三白問她「卿其狗耶，蟬耶？」她會先恭維三白「今至君家，已如蜣螂化蟬」，再強要三白吃滷瓜，「妾作狗久矣，屈君試嘗之。」然後以箸強塞入口，三白急急掩鼻。描繪至極生動風趣，二人生活之悅樂，可見一斑。

再如他夫婦二人與船家女素雲射覆為令之事：「素雲雙目閃閃、聽良久，曰：『觴政儂頗嫻習。從未聞有斯令，願受教。』芸即譬其言而開導之，終茫然。余笑曰：『女先生且罷論，我有一言作譬，即瞭然矣。』芸曰：『君若何譬之？』余曰：『鶴善舞而不能耕，牛善耕而不能舞，物性然也。先生欲反而教之，無乃勞乎？』素雲笑捶余肩曰：『汝罵我耶？』芸出令曰：『只許動口，不許動手，違者罰大觥。』素雲量豪，滿斟一觥，一吸而盡。余曰：『動手但准摸索，不准捶人。』芸笑挽素雲置余懷，曰：『請君摸索暢懷。』余笑曰：『卿非解人，摸索在有意無意間耳。擁而狂探，田舍郎之所為也。』……」

他們就如此這般，二人獨處也好，與朋友聚會也罷，常是輕聲菰語，笑聲不斷，似乎沒有什麼事會惹他們不快的。三白與芸娘這種開朗「悅人」的天性，胸懷坦蕩，二人能夠遇合而為夫婦，實乃人生幸事。

愛敬存心

其實，三白與芸娘這種天作之合，共通點本就很多，但能維繫二人情好長久不墜的，還有一點就是二人的「愛敬」，我國自古認為夫婦相得是「相敬如賓」，此「敬」意，究作何解？照沈三白自己的說法：「余性爽直、落拓不羈，芸若腐儒，迂拘多禮，偶為披衣整袖，必連聲道『得罪』，或遞巾授扇，必起身來接。余始厭之，曰：『卿欲以禮縛我耶？語曰：「禮多必詐」。』芸兩頰發赤，曰：『恭而言禮，何反言詐？』余曰：『恭敬在心，不在虛文。』芸曰：『至親莫如父母，可內敬在心，而外肆狂放耶？』余曰：『前言戲之耳。』芸曰：『世間反目，多由戲起，後勿冤妾，令人鬱死！』余乃挽之入懷，撫慰之，始解顏為笑。自此『豈敢』『得罪』竟成語助詞矣。鴻案相莊廿有三年，年愈久而情愈密……」

其實上面這一段描寫，只是三白一時辭窮，他說的沒錯，「恭敬在心」是最重要的。三白和芸娘相處，最難得的一點是，二人始終「愛敬其人」，此愛此敬歷久彌堅，如若前頂舉例，二人日常相處，諧謔在心，笑鬧由人，卻只見情趣，不見慍怒，無有絲毫不敬。否則，徒有虛文，沒有「內敬於心」，又有何益？故而真正相得的情侶夫婦，一句笑語，一個眼神，或嗔或愛，或嬌或賴，無不可愛。即使三白和芸娘，後來「豈敢」「得罪」成了語助詞，二人甚至可拿此話來作為談笑調侃逗趣之資，又有何不宜？只要二人互相「愛敬對方」，夫妻情侶的情趣，實在俯拾即是啊！

當然，我絕不否認，人與人之間「禮」的重要性，它正是一種言行上分寸與距離步驟的拿捏，合宜的「禮」，只有助成人際關係；否則反是。誠如曾昭旭教授所言：「禮不是指硬邦邦的規矩，而是指人情交流時的步驟與分寸。當然，要拿捏準分寸常常也需要參考一些常法，但禮畢竟不是對常法的死守而是對常法的斟酌權衡，恰當運用。這樣有分寸的交接，才能使感情的抒發得到合理的保護，成為交流的基礎，而可大可久。」（〈說沈三白和芸娘的風流蘊藉〉）

知恩惜緣

記得有一次看報章上報導各種不同的愛情觀，其中有一種觀點，在現時年輕人中滿普遍：他們認為「性」就像吃飯一樣，只是一種需要，所以男女之間可以一拍即「合」，「互取所需」，然後分手。我看到這種觀點，實在非常不敢苟同。如果有一天，世間男女真可「開放」到這種地步，坦白說，我認為這是人性的墮落，更是人類的悲劇。

我的看法正好與前述觀點相反：想想看，浩瀚人海，萍水相逢，為什麼他獨鍾情於你，你獨鍾情於他？你們二人願意廝守願意扶持，這是多深的「緣」？多重的「情」？感激尚且唯恐不及，怎忍傷害或只「利用」了事？

如果男女雙方，對對方給自己的情愛，都願抱持一份「知遇」「感激」的心，而且把這一份「知遇」當做恩情，長駐心頭，常常溫習，對方在自己心目中會一直是美好的。人與人之間，情之所以深刻，就是因為彼此當對方是唯一，是不可替代。否則像前面那種淪為只有性沒有愛的交往，實在物化慾化得可怕，這種觀點下的人，縱然再有才華，實在一點也不可愛了。而且不免「自私」、「孤獨」得可怕！

如果以「知恩惜緣」的角度來看三白和芸娘，他們二人的確是珍惜對方的，除了前面曾經提及的芸娘待三白——「藏粥待婿」、「為婿持齋」等，婚後二人廝守，彼此珍惜的例子，到處都是。

這裡特別要提到，芸娘失歡於翁姑，兩度遭黜（姑且不論對錯），沈三白都與她同進同出，可見二人之有情有緣。在清初禮法禮制仍甚嚴的時代，女人失歡被拒於大家庭的大家長，而被黜遭休的例子太多。三白一心一意於芸娘，以致因此連帶不獲諒於父母，離家後更失去晨昏定省、承歡膝下的機會，亦正可見出三白和芸娘「夫妻情緣」的深厚。我想，以三白來說，「為人夫」、「為人子」，二者不能兩全，應該曾是他心頭的悵痛才是。但是，三白和芸娘彼此的珍視善待，卻成就了他二人一生中最可貴的知遇。

交感互發的生命

使三白和芸娘夫妻情投意合的，當然還有另外一個很重要的因素，那就是他二人之間生命的融會與交感。他倆志趣的投合使他們比一般夫婦多了更多「心靈上的交集」，他們一起品茗論文、納涼玩月、種花養石、品論雲霞……芸娘女扮男裝和三白去逛廟會，甚至與妓結盟……二人相偕相得，連價值觀亦相侔，比如芸娘認為「布衣菜飯，可樂終身」，三白亦能安貧樂道，知足常樂。否則，如果在人生價值取向上南轅北轍，亦很可能造成夫婦的不和；或者有的夫妻，二人均對自己的人生茫茫然，缺乏明確目標與共識，一樣是在人生之中載沉載浮，心靈空虛。三白與芸娘，透過彼此對藝術的喜好，既安排了生活，也找到了生命的交集。

夫妻情侶到了生命交感的時候，才能夠「覺你是我」，你喜我亦喜，你憂我亦憂，否則，二人不過是獨立的個體，才性均不同，感受亦迥異，你喜我何必喜，你憂我也未必憂，這樣的夫妻情侶，心靈距離實在遠。尤其我們這個時代，男女多半都各有職業，萬一所學所用均不相同，各忙各的，再缺乏心靈溝通與生命交感的話，莫怪現代婚姻的維繫要比以前艱難得多。以前的社會，著重倫理秩序與禮法的維繫，再加上女子不是唯夫家是「歸」就是無才無德，要維持一份婚姻當然容易得多，不管它婚姻的內涵多不合理！

想來我們面臨轉型的社會，新文化仍在架構之中，夫婦之間的相處之道，亟待建立合理而公平的模式。二百多年前的沈三白和芸娘，倒為我們樹立了非常好的楷模，他們的觀念和做法，不但不落伍，還是最佳樣示呢！

輯二

教戰守則

女人笑著扣分數？

最近一個男同事幫我看手相，他說：「你這個人會對男伴很好，很體貼也很替對方設想，可是，你會溫柔了九十九分鐘後，到第一百分鐘爆掉，而且你的脾氣一發就很大，說話很重，對方在錯愕之餘往往招架無力，結果可能導致分手結局。」不過他接著又說：「右手看先天，左手看後天，從左手看來，你最近溫柔了許多，脾氣開始在改了。」

我是否太「陰」柔？

他說的沒錯，這是我個性上的致命傷，我開始改是事實，而且早有一段時日；我察覺它則是更早更早的事，那時候還未作兩性感情的探討，總讓我對自己很困惑，我的個性會對人很好很誠懇，可是我不受委屈不吃氣，在覺得對方表現不如我意時，通常我並不吵架，不吵架的原因有二，第一是不喜歡吵架，第二是怕吵架傷「情」，我會「正色」相告或婉言相勸，一而再，再而三，三而四……等到「忍」到一定程度，我會突然爆掉，而且一爆就不可收拾，因為通常我都已做了「分手」的心理準備了。

當時曾經自問、自責，如此是否太「陰」？因為男伴往往不只是錯愕而且是措手不及，我無意殺對方個措手不及啊，因為那個時候，自己也早就心力交瘁了。及待這幾年探討兩性問題，大量閱讀以後，才發覺這個問題不是我個人的個別問題，它是一個普遍性的問題，約翰・葛瑞博士在《男女大不同》中把它明白點出——女人是會笑著扣男人分數的。這一點不但女人不自覺，男人往往也不察覺。它是兩性盲點，也是兩性之間的問題點，值得探討。

分手多半是女方提出

我已經得來的資料，無論中外，大部份的「分手」，是由女方提出。這一點，似乎脗合了「女人專一而不永久」的通俗說法，可見這句話雖非「真理」，卻有它相當的普遍性。約翰・葛瑞說，女人對男人不滿時，可以一面笑著一面對你（男人）付出，卻心裡一面扣著你的分數，直到她付出到心力交瘁而正好她也把你的分數差不多扣光為止。男人並不曉得女伴對他已經「不滿」到這種地步，以致失去及時妥協調適的時機，而女人又往往心力交瘁到不再有力量去付出去維繫一份情的時候，通常一份情緣也就「壽終正寢」了。

這也就是我們常常看到有些吵吵鬧鬧的情侶夫妻，反倒相安無事，緣分久長；有些相處和諧感情不賴的伴侶，一吵就分手的原因。《海蒂報告——深情之愛》中列舉了好多女伴對男伴的不滿之後，有兩句話，可為上述現象佐證：「……在女性選擇表達憤怒和失望的最終方式時，她們寧可分手也不要吵架。」

女人為什麼可以一面扣你分數一面還對你笑對你付出？（當然也有一面發脾氣一面要求一面扣你分數的，但是這種模式如果終究還是導致分手的話，不是男方太不在意女方感受，就是雙方互動方式太過「惡劣」，導致彼此厭惡以致分手。但是這種模式「預警性」很大，不擬和本文主題相提並論。）我想原因很多，可能因為母性、在意風度、形象、不慣爭吵、不擅要求、個性保守、逆來順受……另兩個很重要的因素是：怕「傷」這份「情」以及另一層更深的心理因素——因為「愛」對方。可是，凡人的愛是會疲乏的啊！

我記得我前兩份感情時，依然不太會吵，可是已經做了修正，我會在平常聊天時強調：「我這個人是不太吵架的，可是一再強調的事，就表示我很介意。」結果前一個是「固執」得根本聽不進去，後一位終因我始終「笑著講」而致漠視了我心靈深處已經出現的腐蝕、傷害與脆弱不安。

一份關係的致命傷，往往是一方的怨憤鬱積太久太多，平常沒有適時的化解抒發，然後往往一「發」就難以收拾。所以女人在情感需求的表達上，是否可以更積極主動些？

女人的「委曲求全」缺乏「預警性」

這裡所謂的積極主動，有兩層意思，必須要特別澄清，一則是不要一面笑（付出）一面扣分數，這話的意思是，笑（付出）就不要扣分數，扣分數就不要笑（付出），這一點，男人的表現顯然比較表裡一致，《男女大不同》裡說：「他知道自己已經給得很多，而女人還要求他給得更多時，他在給予時臉上就不會有笑容，心裡很在意這件事。當女人臉上掛著笑盡情給予時，男人以為分數必然是平等了，他不知道女人有神奇的能力，能快樂的給予，直到分數是三十比零……。」男人做得不公平的地方是，當他對女伴非常不滿時不但會扣她的分數，而且扣到負分，完全否定她的好。但是男人的不滿與憤怒，通常有相當程度的「警示性」；而女人不滿時，因為在表面上依然能「快樂的付出」或不快樂也付出，以致失去彼此及時溝通調適的時機。

這在表現上，通常有兩極，一種是連續劇或真實人生裡所謂「苦命型」或「犧牲性」的傳統型婦女，明明心裡鬱積了相當多的不滿，卻還拚命付出、付出、付出，久了對方也就覺得這是理所當然的模式，結果女的早早就換來一身身心的疾病，這在今天看來，都是相當不平衡也不健康的生命；或者有人一面做一面怨，一面怨一面做，記得讀《油麻菜籽》小說和看「油麻菜籽」電影時，最後整個給我一個最深刻的印象就是，女主角活得好「陰鬱」，人生色調沉悶灰暗。一般人或男人印象裡，女人好埋怨，大抵就指此。

另一種就是前面所說的，笑著扣分數，一面不滿一面還在付出，終致到了自己心力交瘁，忍無可忍，一爆就不可收拾，男人以為在這份關係裡自己表現還差強人意時，女人卻已經「下堂求去」了。

女人在表達需求上要積極主動

積極主動的另一層意思是，透過合理委婉的表達方式，讓對方了解自己的需求與委屈，不健康的方式除了埋怨外，還有就是憤怒的指責與批評，這些方式往往讓對方在措手不及的情況下「憤而防禦」，有時不但不能帶來良性溝通反而導致惡性循環。對於彼此的相處與互動，並沒有什麼好處。

不只一位心理學家一再呼籲女人（當然這樣的男人也有），在一份關係裡，妳自覺彼此的付出已經不對等，心裡充滿委屈與不滿時，這時候需要做的，是「暫時」停止付出。人都有情緒，不只人會疲累，在一份關係裡過度付出後，感情也是會疲乏的，稍事「休養生息」，讓對方察覺，找尋答案，了解真相，並做出妥善「回應」，不是很好嘛！

女人的愛

七月二十九日「臺副」上有一篇楊耐冬先生的〈瞋心二十年〉，很能掌握女人的愛情心理。大意是說，一對「美滿」了二十年的夫妻，太太翠娟的感情「突然」變質，想盡了辦法，只求絕袂而去。

不僅男主角幻實——也就是翠娟的丈夫——不明所以，即使男主角那幾位學問淵博，職有專長的要好同學，也全摸不著頭緒，想不出翠娟「突變」的關鍵，究竟何在。終於，還是由翠娟自己說出：原來她已忍屈二十年，她一直不愛她的丈夫。

而使翠娟勇於轉捩的原因，是她獲得了真心「相」愛的男人。

最後勾出的那一筆：幻實當年是在強姦翠娟之後，強娶了她，固然是一個高潮，帶給在場的其他當事人一個驚詫，也給讀者一個意外。但，基本上說，這只是一種藝術處理手法，它本身代表的意義並不大。

本文無意在這兒做主題上的探討。這篇小說，給我的感觸是：人家說愛情是女人的大部份甚至全部，這句話是沒錯的。而愛情對男人，重要性顯然要差得多。

也正因為如此，當女人一旦發現「真愛」（的對象）之後，她是可以絕袂而去的，也許不計後果，不惜聲名，不吝已經辛苦建立的家室。而男人，遇到相同情況，則多半會屈就於現實。肯為「愛」犧牲的男人，也許就不多了。

李昂女士寫了一篇小說〈假面〉，主題不同，技巧迥異，但它也呈現了類似的說法和描繪。那個女主角，在一次外遇之後，就有如觸電般，才驚訝的警覺到：自己過去的愛情生活竟是那樣的貧瘠和蒼白。「男人實在是禁不起比較的」，這是李昂女士在〈假面〉中的一句話。後來，雖然在男主人沒有發現前，她的情人已自動離去，但，終而，女主角還是選了「離婚」一途，放棄了既有的家室和安定，包括丈夫、兒子，過著獨居的生活，從此把心靈寄託在工作上。只因為她：曾經滄海。雖然，〈假面〉之中的愛情只是片面的，因為女主角的情夫，根本上是一個不肯投注愛，也不肯對愛負責任的人；然女主角對他，卻有了真心的投入。

女人因為感觸敏銳，心思細密，對「愛」的要求自然容易多所挑剔。一般而言，女人著重男人是否心細、體貼、重情調、柔情蜜意，也就是很自然的了。換言之，無論是文學作品，或是真實的人生舞臺，「調情聖手」一向在脂粉堆裡兜得轉，吃得開，不會沒有他個人的優勢存在。男人可以風流倜儻，可以滿腹經綸，可以雄才大略，可以粗獷豪邁，可以耍性格有個性……但這些，我想，並不會是構成泰半女人所以「愛」你而不忍捨棄的特質和主因，這些優點，只可遠觀，只可欣賞，卻未必宜於朝夕廝守。而愛和欣賞之間，顯然是有著差距的，豈可不明察而猛省？

也許，有人會提出反駁，以為愛也可以是不需廝守的，而可以只放在心靈上不斷的回憶或咀嚼，但那除了單思單戀，或者不切實際之外，也易有流入空幻冥想之虞。這種情況或心態，不在本文討論範圍。

偶爾也看看「楚留香」，鄭少秋當然是把香帥的風流多情給演活了，舉手投足之間，自是一番倜儻優雅，而更令女人心折的，恐怕還是那一雙老是含情脈脈的眼睛吧。

也許，你會瞧不起脂粉堆裡的男人，或是所謂的「調情聖手」；當然，我也無意鼓勵男人都做處處留情的多情種子。但是，要做一個「成功」的男人，依我個人的淺見，他應該是「才情」並茂的。男人只有才而無情、木訥、刻板，都會是愛情道上無可救藥的致命傷。耍個性、賣弄學問、逞權樹威，只宜舞臺，卻不適真實人生。也許，尤其不合女人的胃口。

當然，女人的愛，可能因對方的善於作偽而憑脆弱的直覺感受以致易於盲目和愚昧，但是，女人著重心靈的直觀感受這一點事實，卻不容男人忽略。而女人對愛情所擁有的執著和勇氣，敢愛敢棄，也值得男人深思戒惕。

也正由於女人著重感性，所以當女人不再愛一個男人時，這個男人的種種優點，她就不易再發現、再重視了。女人沒有了愛，也就沒有（不要）性（特種職業除外），雙方若再廝守，不具任何實質或心靈精神上的意義。她可以絕袂而去，絕非無因。男人就不至於如此。所以徐訏說：「女人的愛專一而不永久，男人的愛永久而不專一」的確有他的道理。

記得有一陣子，中視八點檔的連續劇「牽情」，我偶爾看看，它裡面刻劃的人物性格特性，我並不喜歡，只是國片中慣見到的一些：牽小手、耍小性格、鬧小情緒、鬥小心眼、鑽小牛角尖……，沒有一點大氣魄、大啟示。但是，在女主角的愛情上，它的交代還是符合了常情常理：同樣有才，狄見歡終而選擇了「專」情而體貼溫和的方哲續，而放棄了有才華卻孤僻桀傲，愛耍個性的關修安。

如果你只是一個事業心重、個人前途為重的大男人，對於終而無法贏得美人芳心，也就不需要有所怨悔了。否則，如果想成就男女愛情事業，不想失去女人心的話，「回頭是岸」。

問世間姻緣何物？

——直教人糊塗相許

越來越覺得，選對象猶如挑衣服、買鞋子，衣服和鞋子固有尺寸式樣的合不合式，有時候我們逛一個晚上，未必挑得上一件中意的款式；也有些時候，明明覺得已經不錯了，待一手交錢、一手交貨後，回家穿上，才發覺並不理想，而難以喜歡。購物猶且如此，何況選擇終身伴侶，那情況遠要複雜得多，又豈能輕率？

以此論點前推，不免發覺自己的過去，對於感情的處理，簡直失之天真，甚且到無以復加的地步。大約總是年輕時深受理想主義的影響，以為「從一而終」是人生情感與精神上的最大福份（非道德觀也）。又天真的以為，我以誠待人，人亦必誠以待我，當事人兩造自然「當成」佳偶。如此簡單的邏輯推衍下來，就深深以為：天下當無不可與處之人。結果是：總是感情上有人對我投桃，我就報之以李，唯恐傷人之誠，傷人之心，故而總是因為深惜而更加倍奉還。再加上我頗有點頑固的思想，總以為人不負我，我絕不負人。而更可愛的是：自情竇初開以來就築構好了的愛情觀，一旦屬意於某人，心中就認定——易此即非人也。因為我深信靈魂，總覺得我既喜歡上了張三，李四再好，究竟不是張三那個魂兒。就此一深念執著，豈料在情感上，竟誤我幾至半生。而真正有趣的一點是：我的所謂理想愛情觀，竟常只是自己為自己預先掘好了的墳地，一俟情感最後不幸失敗後——不論是為何因素——自己就先跌下自己的地獄了。

近兩年，年過三十，對人生，漸次有了較深刻而真實的反省，方才發覺自己過去所深念執著的理想，是不合這個現實世界的式的，也就未免嫌理想得近乎不食人間煙火。買衣服鞋子都挑了，何況是找對象？

年過三十，在經歷過無數次情感失敗與切身痛苦之後，我才深覺，男女兩造之合與不合，才是「緣」的根本。縱觀天下，有人緣深，有人緣淺，有人緣好，有人緣壞，統而言之，緣好的才能算良緣，其餘的，若非怨偶就是孽緣了。

可憐的是，天下蒼生，竟然是孽緣怨偶多於佳偶良緣，而且這種現象，大約會和人類歷史相始終。換言之，只要有人，就會不斷的有怨偶的不幸遇合，世上就始終有著原該是互濟的陰陽卻整日奮思背道的男女。

有時候，我真不免懷疑：叔本華的悲觀論調是否真說對了？——他認為，男女所以會有情愛衝動以致去締造所謂偉大的愛情和姻緣，亦不過只是受了一個潛存的「傳宗接代」任務的影響罷了，那裡有什麼崇高的愛，理想的情？

叔本華的論調，儘管我們嫌它悲觀，但至少他說對了一半——世上的男男女女，泰半在涉世未深，情感方面的心智尚不大成熟時，就互許終身，被套住啦！然後，當發現彼此不合宜，也改造不了對方，恍然惕悟原來數十年的「廝守」竟是如此漫長難捱時，又早已拖家帶小，如何還回得了頭？

所以說，怨也好，吵也罷，即使是捏著鼻子橫眉豎眼過完了一生，反正是代也接了，宗也傳了，上帝派給的「任務」，可沒給耽誤。所以我說叔本華儘管悲觀，這一點可沒說錯，天下之大，怨偶何其多。然而，你怨你的，從來沒有影響宇宙「生生不息」的鐵則。

我自己在愛情道上，跌跌撞撞多少年，如今，才稍詡自己心智略見成熟，「比較」「摸清」自己的性子，也「約略」知道「大約」什麼樣的人「可能」適合。這其間，飽嘗的辛酸與磨折，自是不足為外人道。問題是，十幾二十多歲，談什麼戀愛，成什麼家嘛？

如果我沒有假設錯的話，那麼說來，人在不斷交往觀察之後，「起碼」都要年過三十，甚至三十五，可能感情上的心智才會「比較」成熟，換言之，這樣的年齡，才較適合找對象，談穩定性較大的感情，在這之前，不是不能「定」，只不過，冒險性未免太大了些。

所以現在想想，家鄉有句俗話：女孩沒嫁人以前，都是姓「碰」，將來「碰」到那家算那家。其實，男孩何嘗不是？碰對了人，固然深慶一世得人，可是，萬一碰錯了呢？那一輩子的內心衝突，豈是「遇人不淑」四個字就能打發掉的？

我這麼說，並無意潑「婚姻顧問」或「婚姻保健專家」的冷水，一些汲汲於勸合勸好的社會學家或心理學家，他們努力的想要挽救許許多多貌合神離的婚姻，目的是希望這個社會，能夠更和諧，立意殊值敬仰。問題是：人與人之間的投合與否，其微妙性與精密反應可能遠超過心理學家推衍出來的學理邏輯。所以這個社會常是說者諄諄，聽者依然故我。世間最微妙的事就是感情，它不是一加一可以等於二的單純邏輯。人與人之間，一旦不投合了，往往可能不是任何一方千方百計的努力可以挽回的。

可是，話又說回來，我不完全贊成叔本華觀點的原因，是他疏忽了人是靈性的動物，人的精神面畢竟還是可以主導，也可以提昇自己的，男女相處應非絕對只是潛意識裡受了生理的控制而作反應。果真如此，那就的確太悲觀了。

情之為物，如果遇合對了，當然是人生最大的福份；如果不是，那又無異人間煉獄。（當然有程度上的差異。我很難相信，任何一個「正常」的人，可以不要兒女「私情」，求道昇華者另當別論。）所以，上帝跟人開了一個最大的玩笑，就是給了人——「情」這個東西。

鞋子買錯了，衣服買壞了，可以送人，可以換掉，可以不穿，那對象呢？鼓勵撤換退縮固然不是辦法，「苦守」一生，整日東嫌西怨、消耗精力、折損志氣，甚至有名無實，又有何意義？

所以說，人生的大無奈之一，就是挑錯了對象。

問題是：人哪人！當你知曉這一層的嚴重性時，大約多半都已被套牢，只怕是回頭無日了。

也許，這也是人類「命定」的悲劇吧。

人性本「賤」!?

常從一些玩笑口吻或憤世嫉俗者口中聽到這麼兩句話：「女人嘛，就是賤！」「男人，都是賤的！」如果以一個全稱觀點來衡量這兩句話，一竿子打翻了整條船，男女兩性全被羅列上了，都不是好東西。那麼，人性是「本」賤的嗎？

剛看了好多本探討情愛的書籍，有心理學、哲學、心靈甚或潛能激發觀點的，各種角度，正反論點，很有趣。人算人的帳，算不完的。不過，萬象森然，焦點釐清之後，可欣慰的一點是，這些學者專家，不論發表的是正見、偏見，取材廣、狹，學術研究採用的是何種方法，基本上，內心深處，他（她）們的動機都是「淑世」的——渴望透過人類行為語言的「表象」，探討出人類情感與心靈的「真相」。由此可見，人性是良善的，我們都渴望發現，自己是可愛的，別人也是值得愛的，而這個「愛」，可以長長久久，誠如愛博士、擁抱博士李奧・巴斯卡力一再強調的，「愛」（廣義）這個東西，我們需要「耐心」去發現（它的真相）。可惜，人類常因自己的脆弱不安，斲喪斬絕了一份情緣，使情緣不能久長。

我們常說：「人在福中不知福」，能及時惜福惜緣的人，是真有福。可惜，好多人是不知不覺的，總也要等到就快失去時，才在那兒搥胸頓足，哀嘆連連或追悔無及。

伊莉莎白．馬凱佛伊和蘇珊．伊雷森合著的《妳比自己想像中的好——揮別昨日打敗「愛之病」》一書中，一再提到性感女神瑪麗蓮夢露一生的情愛悲劇——愛她的人她不愛；她愛的人不愛她。「愛」與「被愛」兩皆失落，心頭空虛寂寞，人生於她，只是迢遞暗夜。更絕的是，任何她愛的人只要回頭發現她、愛上她，她馬上就不要了。書裡舉了好多這樣的例子，各行各業才貌雙全、傑出的女性，不勝枚舉。她們自幼生長的環境通常極不健全，人格上普遍有嚴重缺陷，老認為自己不值得被愛，但心頭又實在渴望一份情感，就只好去「追」——追求一份感情，然而得到的往往是失落的悲劇。

我不免想起，類似瑪麗蓮夢露這樣的例子，固然是比較極端的特例，但是，普遍的人性裡，難道就沒有這一層嗎？易得到的，我們不珍惜；不易得到的，我們花盡心思精神去追求去把握，怪哉！這也就是前面所說人們慨嘆男人賤女人賤的原因了。

這些通俗心理學的作者，不只一人告誡那些「付出」過多的女人（當然也有男人），不要一味的付出，付出到對方對你毫無憐惜了，你委屈得要死，痛恨得要死，對方不但不珍惜，不在乎，更有甚者，毫不「感」這份「情」，似乎你所有的付出都是理所當然，天經地義，他只要領受就是了。

其實這一層心理，想通了也沒什麼，一句話，得來的太容易，他還沒有預期的，你電話來了，關懷來了，服務來了，人來了，錢來了，飯來了……這種未經預期的「收穫」，起先會是一種喜悅，久之習慣以後會認為是一種「當然」，你的人你的付出你的關懷你的存在，都太自然也太當然了，他早把這些當成「安全」「常態」啦，明理的人也許會珍惜會回敬；覺察性不夠的人在視為當然之餘卻只坦然接受，未必容得他有時間空閒去反思這一切「獲得」並非是長久安穩的，如果再遇到主動付出的一方不善要求，是善於「隱忍」的，他可能想都想不到，他的世界可能是會在對方隱忍到極限後，一夕生變顛覆的。那時候，往往悔之已晚。

至於另一層心理，對於得不到的人、事、物，我們會花盡心思想要獲得，當然也只是人性之常。

說到這兒，筆者無意鼓勵愛人的人減少付出，正確的做法是調整「互動」——感情只有在「對等」、互相珍惜、互相尊重的情況下，才是最美的。單方的付出以及一方長久的委曲，都是不健康也是沒有必要的。太積極主動付出的一方，調整一下你倆互動的腳步，並適度表達自己的需求，妥善表達自己的委曲與受傷的感覺，或許是一份關係從惡性循環轉成良性的契機呢！只是溝通技巧如何，那是另話，本文不作探討。

誰主動較好？

男、女交往，到底那方主動較好？這是一個見仁見智的問題。

去年出去演講，有人問我這個問題，我還比較傾向一般心理學家的說法：最好把主動權讓給男方。他們的說法其實也滿有「學理」根據，似乎也滿符合社會現實——比如說雄性攻擊性、征服欲強啦；或男人在「獨立自主↕親密」之間擺盪，只有男性自己知道什麼時候他比較需要親密，所以局面由他主控比較好啦；也因此有人提出很多男人不喜歡被女人「控制」的看法，所以最好仍由男人主動。

可是，我很快就反問：這些說法合理嗎？就算這是一個普遍的社會現象，難道就非如此不可嗎？

可巧不巧，今年又有很多朋友問起我這方面問題，我不免進一步想到：誰主動恐怕還是比較其次的問題，主動的一方表達善意的方式如何，才是比較重要的。

這男主動女被動的信念，其實是有相當多後天文化與社會制約成份的。你、我普遍都受這種信念制約，當然也就普遍信服它、遵守它。問題是，它真的合理嗎？真的該一成不變嗎？曹又方女士就提出現今的女性，應該大膽的在情感上獨立起來，可以對自己喜愛的異性主動的說法，免得因受既有信念桎梏，以致錯失真正優秀卻不善追求異性的男子。我覺得這個說法很好，至少可以幫大家先從一個僵化的信念格局中釋放出來。

男女都可主動

其實，誰該主動，恐怕還牽扯到彼此性格的內外向、含蓄或開放、或成熟度（至少是在兩性交往開竅的程度）的差異問題，可以考慮的一個大前提是：在觀察期中確定對方對自己是否有好感（重要的一點是雙方都有好感）。「好感」其實就是一個可資交往的條件，其電感度雖不若「來電」那麼強，但至少它透露一個訊息：不討厭、不排斥。

有些男性真的很優秀，但是因為害羞、含蓄或不了解異性，或怕受傷害，以致不敢主動跨出第一步的，這種現象近年來時有耳聞，如果有女性中意這樣的男性，還要堅持「男主動」的舊信念，結果多半是要無緣的。

其實我們都很怕被拒絕，包括男人，這種情形在成長後可能還尤甚，年輕時還能憑點天真的率性以及血氣之勇，胡追亂闖一番，隨著年齡成長，自己有失敗經驗加上聽得多看得多，人的顧慮遂增多起來，顏面、自尊都成頂頂重要的問題，被峻拒可不是很好玩的事咧！

這個問題，想清楚其實也不是多麼嚴重的事，我喜歡你、我欣賞你是我的自由，可是你也有不喜歡我、不欣賞我的自由。一個成熟而有信心的人，自可有這樣的雅量與認知——你不喜歡我或你不接受我，並不代表我不好，重要的是，我喜不喜歡自己（自信），以及我自己有沒有能力愛人，我是否有吸引人喜歡的條件，這些才是頂重要的。如此一來，別人不喜歡我或沒接受我，都是該得到尊重的。如果我們每一個人都能有這樣的認知：「即使你拒絕了我，你也還是你，我也還是我，你的優點還是不容我抹煞。」那該有多好。

孫瑋芒在小說集《感情事件》中有一篇〈女難〉，看了很讓人難過，那個從未談過戀愛的女子鄭芸，在與風流的樂評家蕭駿邂逅後，就過份主動到甚至完全無視對方已有女伴的地步，蕭駿很快就避之唯恐不及，並懊悔沾惹上她，女子感覺到這一層後，鬧過一陣乃自殺身亡。

蕭駿的風流招惹固然要負一部份責任，但從未談過戀愛的鄭芸，對感情的錯認與過份的一廂情願，是值得讓人同情的，而更讓人同情的是鄭芸的脆弱，一而再的主動，把對方嚇到後，對方的逃避與拒絕又使她羞惱憎惡自己，終至在鬧到無地自容後，羞愧自殺。

尊重對方就是尊重自己

愛情至少要有一個先決條件——兩願。如果有一方連進一步交往的意願都沒有，這種感情是勉強不得的。尊重對方就等於尊重自己，給對方空間就等於給自己空間。這個故事的問題，是誰主動還在其次，重要的是女子的方式有待商榷。雖然這麼說絕不意味我贊同蕭駿的做法，但這不是本文重點，不做探討。

舉這個例子，無意打消任何你或妳主動的意願，相反的，我覺得如果你是一個有自信的人，遇到自己中意的對象，只要彼此都是自由之身，雙方又有好感、談得來，不妨大膽的表達自己的善意與對對方的欣賞，說大膽其實在措辭與方法上還是要委婉得體的，因為我們的一言一行，事實上不但呈現出自己的成熟度，也代表了自己的格調，本來有好感的，如果格調不高，風度、氣度不佳，還是有可能把對方嚇跑的。反之，自己篤定自信，又尊重關懷對方，本身就是一股成熟的魅力，對方即使不接受自己，至少也會欣賞與敬重的。

打破唯美愛情的神話

這石是一堆粗陋的頑石，
這百合是一叢明媚的秀色；
但當月光將花影描上了石隙，
這粗陋的頑石也化生了媚跡。
我是一團臃腫的凡庸，
她的是人間無比的仙容；
但當戀愛將她偎入我的懷中，
就我也變成了天神似的英雄！
——徐志摩

徐志摩與陸小曼的愛情悲劇，盡人皆知，那彷如天上仙境般的唯美浪漫在溷跡於人世現實之後，立時萎敗如塗泥的殘花，只換來世人的唏噓與感傷。趙淑俠女士曾標舉出「文學女人」生命的幻夢與缺陷美，甚或生命悲劇，其實何獨女人中有「文學女人」？男人中的「文學男人」亦大有人在，甚而至於我們可以說，是人，就都渴望一份理想的情愛，不論後來男男女女之間，愛情行為是如何偏差，或如何貧瘠蒼白。然而「愛神」在人們心目中，永遠是美的，是我們每個人心目中最美至善的企望。

是「真愛」還是「幻影」？

這裡不妨再舉幾位男性文人對情愛的憧憬：

「戀愛兩個字好像帶著極高的電壓，把附近的大氣都雷化了！我知道我還受不起那麼大的電能，不敢去引它，可是偶爾有對象可以在說話或寫信、寫文章時用上這兩個字，那觸覺就簡直是神聖的、是天堂的！」——鹿橋

「就是她，她就是多少個冷夜白月自孤寂噓息裡迷離昇浮的那纖美雕像……屏息著擔心她仍只是虛渺，屏息裡等她幻失；而當真實終被肯定之後，隨之而起的是他最深最沉的悲愴。」

「然而，她果如那可望而不可及的山顛仙花遠遠地閃耀著飄渺奇美？果是一位不容世俗想像

擁有的女神，崇高聖潔的她，誰能想像在不勝寒的高處的寂寞？」——戈壁

「夢後樓臺高鎖，酒醒簾幕低垂。去年春恨卻來時，落花人獨立，微雨燕雙飛。記得小蘋初見，兩重心字羅衣，琵琶絃上說相思。當時明月在，曾照彩雲歸。」——晏幾道〈臨江仙〉

愛是生命的甘露和最大的撫慰與犒賞，尤其經過千百年來文人的熱情與想像力豐富的渲染後，愛情更是在人類心目中，成了仙境與神話，人人渴望它，如魚之渴水，生命越乾涸，心中越飢渴愛情，甚而把愛情當作滋潤撫慰生命的雲霓。但是它卻「可望想及而難及」，這種感受，在去年觀賞「蝴蝶君」電影時，極為震撼，男扮女裝的宋麗玲，如何巧妙的利用了在心靈中美化愛神的法國男外交官的感情，使當事人在真相大白後，恍然發現，原來自己只是愛上了自己「愛情的幻影」——蝴蝶夫人。

曾昭旭教授曾在〈論一見鍾情〉中說一見鍾情的當事者，往往只是把自己心目中理想的對象與愛，一廂情願的鑄罩在對方身上，但在交往一段時日後，方才發現彼此南轅北轍，差距很大，以致失望灰心痛苦，因而分手。其實，難道只有「一見鍾情」者如此嗎？我想，任何認真談論一份感情者，往往都如是。

愛情在心目中被相當程度的美化企盼以後，情人或夫婦之間往往因自己性格上的缺弱點「不堪奉陳」而阻斷了一份情緣，這種「不堪奉陳」的情況，也許自覺，如前引鹿橋與戈壁先生的作品；也許不自覺直待悲劇發生。能自覺肯省思的人終靠累次的挫敗經驗修正自己的想法做法。不能自覺的人往往順本性而為的在愛河情海（或慾海）裡載沉載浮，甚或沒頂而亡。

生命的考驗有如重巒疊嶂，峰峰巒巒不見底，柳暗花明不識機，在生命旅途中兜轉的人兒，不到性靈「自我具足」以前，都渴望一份相知的情誼，尤其當外在壓力越大時，如前提及，內心對愛的渴盼愈甚，愛在渴盼中因此被心靈不自覺的更加美化了。然而啊然而，我們遇合的對象，卻是和我們一樣的「凡軀」啊！

以是男女之間衝突齟齬連連，悲劇也一再發生，甚而引發了好多好多人對愛情的「不信任」，殊不知，不可靠的不該是「愛情」，而應該是「個別」的「人」啊！

愛情真是高邈天際的明星嗎？它高到凡人不可攀，它美到要讓我們自慚形穢，它空靈到如鏡花水月，虛幻到如霧中之花，稍縱即逝？它超塵到只宜仙境不能溷跡於人世現實，以致現實與愛情一對擊的結果，夭亡的往往是愛情？它短暫到譬如朝露般、如相激的火花豔采，瞬爾無蹤？

我想，那都不是「真愛」，而只是一種「浪漫」；更不是「真浪漫」，而只是一種「假浪漫」。不能看清這點事實，人世間的愛情悲劇將一再重演，因為戀愛當事者耽溺於浪漫唯美之中時，往往愛上的是愛的感覺與愛的幻影，而未必是對象本身。

真情「常」在穿衣吃飯間

唯有落實於人世間落實於生活間的情方是真情，認清愛情不圓滿的事實，夫婦情侶之間的感情總要歷遍酸甜苦辣挫折困頓之後，相知始深，契合始諧，真情常在穿衣吃飯間，真情常在一顰一笑間，真情更常在一個眼神一個動作間，甚至真情也在爭執間；一個溫暖的關懷一份肯定的支持一顆寬容的心靈，無一不流露真情。

很多愛侶常在困頓來時分手（這困頓包括情愛本身上的或現實帶來的），其實困頓的考驗往往是從「假浪漫」晉升到「真情」之間的試金石。《寶瓶同謀》作者瑪麗琳．弗格森（意識研究領域大祭司）在書中提到，蘇珊．坎培爾在《夫婦之旅》寫作中對一百五十對夫婦研究的結果，發現一對夫婦要發展到一種轉變的，「共同創造的」關係，總要經過好幾個階段：假浪漫、權力鬥爭、穩定、互相承諾，最後是互相幫助，以實現他們在人間的志業。

兩人到了真心承諾、誠懇互助時，情愛始真摯；只有在生命現實糟粕之中淬礪粹取出的愛情，方才甘醇。否則，一切只是虛幻而已。

愛情美嗎？愛情當然是最美的東西，但是愛情的美，貴在「平實真摯柔韌深刻」，而不是浪漫唯美的虛幻飄渺迷離脆弱。再反觀前引諸例，人世間豈獨只有「文學女人」而已？「文學男人」不但所在多有，更且文學男人一樣在人世間飽嘗幻影破滅之後的無常之苦。看來，我們對愛情這個東西，實在有必要盡速廓清真貌了。

為什麼失去了愛？

人心是脆危的，人心也是堅韌的；「愛與恨」、「愛與恐懼」兩者不能並存，卻也只是一念之間。

情人節剛過，隔天報紙就刊登，一位少女因男友嫌情人節花價漲得離譜，沒捨得買，她竟割腕自殺。幸而得救。警察局那些大男人們獲知後，搖頭嘆息：「女人心海底針」，表示不解。女孩是否鑽牛角尖我們先不說，重要的是帶給她這種行為背後的感受。

奧修大師說：愛是一朵非常脆弱的花，它必須受到保護。它必須被強化、被澆水，唯有如此，它才會茁壯。

問題是，誰會是那個強壯而負責澆水的人呢？

我們大部份的人都是脆弱的，或者是曾經經歷過脆弱，在人格沒有「自我具足」沒有圓滿以前，我們給愛的能力不多，渴愛的成份卻甚大。小的時候渴望父母的愛，父母的愛填不滿空虛的心靈，長大就渴望異性的愛，沒有想到跟異性也不是很容易相處時，人生的很多紛擾就因此而生，這個世界的紛擾，歸結到最後，是因為欠缺愛，普遍的恐懼、不安造成的。

卡羅·皮爾森博士在《影響你生命的十二原型》中，把影響人的十二原型，區分如下：天真者、孤兒、戰士、照顧者、追尋者、破壞者、愛人者、創造者、統治者、魔術師、智者、愚者。這十二原型每個人都有，只是成份多寡比例問題，同時這十二原型亦在我們一生中反覆影響著我們。特別值得注意的是十二者中之「孤兒」部份。

「受傷」是成長的開始

在我們一生中，任何人都難免受傷害，受傷是人生的一部份，它激勵我們開始朝內在探索。若從不曾受過傷害，那我們將永遠停留在天真無知的狀態，永遠無法成長與學習。

我們可能面臨到沒有完美父母、沒有完善愛人、渴望不死卻難逃一死、期望成為眾望之歸卻發現自己的渺小與平凡、理想遠大，末了卻不能實現……最令人難過的是，我們可能背叛了自己的希望、標準和夢想，不僅別人對我們痛心，我們對自己也感到失望。詹姆士·希爾曼在他的經典之作《背叛》中討論到背叛的經驗，特別是有關友誼決裂和愛情、婚姻關係的破裂等：「突然間，最卑鄙齷齪的事情都會浮現……當一個人與自己為敵時，他才是真正的背叛了。」由於自我保護可以免於自己受傷害的信念，很多人因而想要防衛自己，寧可先去傷人，或者在防衛自己時不自覺地傷害了別人。問題是，當對方也不安時，互相回應的結果，往往是兩敗俱傷。這種情況，小自個人，大至國家或政治團體，屢見不鮮。

只有我們主動付出「愛」與信任，給對方尊嚴與「空間」，方可化解對方這種因「孤兒」情結與「受難」心態所帶來的不安與防衛之心。

其實說起來人的本性都是善良的，人的本性卻也都是脆弱的，曾經看過一部影片「伴你情深」，描寫得躁鬱症的男主角與給他治病的女醫生相戀的故事，那個男主角，極有天份，內心卻孤獨、渴愛，唯恐得不到關懷。後來還是女主角的愛治好了他。

每一個靈魂都是美善的

新時代的經典資料「賽斯」系列裡，有著太多太多對人類的透視與啟發，照祂的說法，沒有一個靈魂是惡的，每一個靈魂都是善良的，每一個靈魂也都渴望著他的所作所為是完善的是討人喜歡的。問題是，礙於每個當事人的智慧與經驗之不足，很多事處理壞了。「搞砸」絕非當事人本願，「方法不當」才是背後的真正原因。

心理學者羅哲斯在《成為一個人》中也特別強調，根據他多年治療心理病人的經驗，肯定「人是一種積極而性善的社會動物」——「當我潛入人的裡頭，我發現一些令人興奮的東西，亦即發現一個核心，而其中完全不帶有恨意……人的本性中，最內在的核心，或說，人格的最裡層，人之為物的根本，在本質上是積極、正面的——它本來就帶有社會性、前進的傾向，有理性，而且很實在。」這種對人性的肯定與前述賓斯對人的靈魂的剖析，完全不謀而合。

瑪洛・摩根著的《曠野的聲音》中提及澳洲「真人部落」跟作者講的話，他們說：「你們『變種人（文明人）』生活在恐懼中，恐懼是動物世界的特徵，在動物求生的本能中扮演重要的角色……」

「恐懼」是人類的致命傷

然而，恐懼卻也正是我們「文明」世界人生歷程的致命傷，因為恐懼不安，我們帶來了太多「過當」的防衛。

我們要人肯定要人愛要人支持，要自己的人生有意義有價值感有成就感，如有不順遂，我們可能就空虛、恐慌、不安，那怕一個有成就的人，依然不免常有空乏與百無聊賴的感受。

顯然這麼一個工商高度競爭的社會，把我們的「價值感」都給淆亂了，名、利、成就、眾人的肯定……一個個都是這樣的價值觀念制約出來的產物，生存於如斯的社會，要不感壓力、完全篤定自安，也難。

我很欣賞《曠野的聲音》中作者的描述，「真人部落」裡的人真的是人人平等，各個有尊嚴。那邊的觀念，認為一個人一天，那怕只是因為給了別人一個微笑一個善意，而致此善意帶給了別人溫暖，這個人就是有價值也是值得尊敬的。以這個標準回頭看我們，每一個人都是太可愛也太有價值了。結果不然，「文明世界」很多人的負面情緒，竟是來自於別人或自己的「苛求」。

不要「批判」「挑剔」自己與別人

人有「求全」、「求美」、「完善」、「上進」之心是好的，但我們卻也常在一幅「理想」「完美」的「完形」藍圖前，漠視了已經具有的美善，卻拚命去「挑剔」自己或別人還不具備的部份，而當壓力過大時，不是導致人際關係的斲喪，就是造成自己的自責或自卑自憐。

人為什麼失去了愛(人的能力)？當人對自己不滿、不安、或當人覺得自己委屈的時候，人對別人的「愛」就立刻喪失了。我們防衛之唯恐不及，眼裡那裡還看得到別人呢？

所以對自己而言，袪除自憐與委屈心態是恢復「愛能」的不二法門；對別人而言，我們主動付出愛與關懷、尊重、信任，是激發對方善根的最佳途徑。

每一個生命都是可愛的，也是值得愛的，而每一個人也都是有能力「愛人」的，信任我們自己這種無窮的善性吧！只要我們從「自我哀憐」中走出，每一個人都可以是堅強而生命力暢旺、「愛能」十足的可人兒。

從愛自己做起

《海蒂報告——深情之愛》裡通篇累牘的充斥著女人對她們男伴的控訴之聲，控訴著那些男人們對她們只是一種需要與依賴，根本不是愛，更不是什麼真情。翻閱全書，怨氣沖天。

李昂也曾經在她的短篇小說《貓咪與情人》中很無奈的質疑：「這世上也許無所謂真情，有的只是相關條件之下互動的關係，牽了實質生活的一根線的彼端，觸動了另一端的心弦——世上有的，或就是這一點點連帶的情感。」

《滄桑後的天真》一書中，在描述劉秋鳳這個章節中，有一句讓人觸目驚心的話「愛得激烈卻無情意可言」——「有時候，在戀人的身上，我們看不到愛，只感覺雙方互相把自己生命的、情緒的包袱放置在對方身上，企圖依靠對方來填補自身的殘缺和不安。愛得激烈卻無情意可言。」

愛的「假相」：需要與依賴

事實上，需要不是愛，依賴也不是愛，不只是不是，根本在這兩種心態下的人，他（她）是沒有能力愛人的，也就難怪這世上充斥著這麼多「危淺」的親密關係，脆弱不堪，禁不起多少風雨摧殘。

曾昭旭教授曾經把兩性情愛做過這樣的比喻：男人的愛像太陽，主動放送光芒與溫暖；女人的愛像月亮，月亮上的光其實只是承受太陽光之後的回映與反射。這當然根據的是傳統「男主動女被動」的模式說的，事實上這作為被動回應的一方也有可能是男人的，尤其讓我們不得不注意的是，在現代心理學的研究下，發現很多主動的一方其實也並不具備愛人的能力，他（她）可能只是在主動付出時冀望換來對方的溫愛，如其不然，他將陷入痛苦的深淵，有的人甚至會更加拚命的付出，在這付出的背後，其實是一種深沉的恐懼——失落的恐慌。很可惜，這樣的愛情故事中，往往並贏不來對方對等的尊重與關愛，而當事人亦常常陷入一種深深的怨懟與自憐中，難以自拔。

被動需要與依賴的一方，因為「愛力」微弱，通常只是對主動者的一種回應，久之成為一種習慣性的需要與依賴，這種因需要與依賴產生出來的「愛的假相」，是最禁不起挑戰與考驗的。往往在對方的表現不如己意以後，此被動回應的一方，很快就會因「愛的動能」不足而匱乏瓦解了一份關係，因為他（她）本身並不具備主動關愛與包容的能力。

我不免想起，很多女人的愛所以「專一而不永久」，女人被譏為「有愛而無情（比男人）」，可能跟「殘習」有關，也跟「生物（理）性」有關。根據人類學家的研究，我們的老祖宗，男性本來就是要獵食，要征服要保護女性的，而女性則被追求被征服而後職司受孕生養後代的重任。女人的愛會是一種被動反射的月光，其理自明；女人為了保護胎兒與後代，需要「專一的愛情（對象）」，其理亦自明；當愛情或對象不能給予滿意或安全的保證時，女人會下堂求去，再去尋求另一個可以讓她「專一」託付的對象，其理同樣容易明白。

如此這般，積習已久，當我們人格未臻完善以前，人們為了生存所需，不管是為了解決生理需求或生存餬口甚或孤獨無依，以致去尋找的對象，通常都逃脫不出純需要與純依賴。男女皆然。很多情（愛）緣之所以脆弱，也就不足為奇。

在這一路的研究探討中，我當然免不了自問：需要不是愛，依賴不是愛，如此對愛的定義與要求，是否太嚴苛？世間男女，正是因為有需要有依賴，才容易「結合（緣）」的啊！都不需要也不依賴了，豈不要成道成佛了？

先學會愛自己

所幸我們有些思想家或學者，在這個問題上提出另一個思維角度——先完善自己再說。也就是說先從愛自己、照顧好自己做起。

我很欣賞《活在光亮裡》作者沙提・高文的說法，沙提・高文所說的「照顧自己」，可以讓我們達到「愛而無（少）怨」的境界。

如果我們連自己都照顧不好，又如何奢求照顧好別人？如果我們連自己都照顧不好，卻冀望別人照顧好我們，豈不是本末倒置？別人不該為我們人生的快樂與否負責，只有自己才是自己的主人。

我自己有這種體會，也還只是這一年來的事，以前老冀望愛侶、愛情可以給我快樂，萬一失望的時候，日子是很難過的，如今自己可以把生命與生活安排得充實時，雖然仍然渴望一份愛情，但是這時候的愛情成了生命中最美豔繽紛的色彩，愛侶可以是共享生命的友伴。

沙提・高文批評傳統依賴式的親密關係——「別人很少能永遠或稱心地滿足我們的需求，因而我們變得很失望、挫餒。於是我們不是想要改變別人以適應我們的所需，就是退縮、接受遠不如我們真正想要的。還有，當我們努力給別人他們想要的一切時，我們幾乎難免要作自己不真正想作的事，結果有意無意地對他們起反感。」

忠於自己的感受

愛自己照顧自己意謂對自己的直覺與感受真誠，我們有權利說「不」，當我們說「好」說「是」的時候沒有勉強與委屈；當我們說「不」的時候也絕對真誠，沒有虛偽沒有報復。我們很多人因為恐懼失去愛或不擅長傳達內心感受，結果未作真心溝通與表達，不是積鬱了太多的不滿，就是老覺得一份感情與關係有缺憾而不夠充實飽滿酣暢，內心始終悵悵然。

她特地舉了一個例子——假如我感到寂寞，需要愛人陪伴一晚，儘管知道他另有事，在以前，我可能不敢直接提出這樣的要求。我可能一個人呆在家裡，學習享受孤獨。稍後當與他談話時，雖然口頭未提及此事，心中卻對他有些反感。他畢竟也感覺到那份反感，除了歉疚以外，另也產生一份不悅。這一切都在事後爭吵時抖了出來，我會說：「反正你從不關心我的感覺。」這樣做，我是在以精神感應的方式向他顯示他該對我的快樂負起責任。

如今，我會說：「我知道你有別的事要忙，但是這會兒我感到寂寞，真希望你今晚能陪我。」如此作，表面上是我向他有所求，實際上卻是照顧了自己；這麼做「等於暴露自己的脆弱，但我也發覺肯說出自己的感覺與自己想要的，才能使我感覺完整。也就是說，我已經感到充實多了，因為至少我肯做自己的後盾。」

至於攤開來以後呢，他可以自由地真心反應，答應了固然好，不答應時一方面尊重對方立場，另方面再調理自己心情。

勇於表達自己

結果沙提・高文發現她這麼真心且直接與周遭人溝通的結果，「由於我照顧了自己，感到非常清澈也有了力量，對結果反而容易淡然處之……我將不會積鬱過多的需求與反感。」而且，出乎意料的是，多半時候我們會得到我們所想要的。沙提・高文說：「如果我們自己都不承認需要幫助，別人又如何能幫助我們？」

中國人在情愛上標示的最高境界是「愛到深處無怨尤」，那種境界雖理想，絕大多數的人卻做不到，兩性或人際之間，充斥著怨尤與憤怒，我在做這些探討之時，發現人與人之間需要（也不易）處理的是一股怨尤與憤怒，常常可能只是小事。在傳統的中國情愛上，可能講求含蓄與隱忍，不直接表達的結果，反而造成人際或兩性之間不必要的猜忌與不滿，何苦來哉？沙提・高文為我們指出的做法，至少提出一種開朗明快乾脆的性格與作風，把自己照顧好了，這個人至少是愉悅的；把自己照顧好了，當他（她）再照顧別人時，他（她）是真有餘力，也真有能力的，沒有一絲勉強成份，自然也就不會有什麼積怨或憤怒。

這些說法，當然在別的書中別的學者那兒也可見到（類似的精神），比如山姆・基恩寫的《新男人——廿一世紀男人的定位與角色》一書中，就明白指出，女人（包括想像中的女人與真女人）對男人一生影響絕大，但要學會去愛一個真女人，男人必須先把「女人」拋在腦後，學會在孤獨中找到樂趣，找到「自我」以後，再回頭面對一個真實有血有肉的女人，大概可以走上「真愛」的途徑。

我想女人亦然。人在學會愛自己照顧自己以後，再來談愛別人照顧別人，就不再是「奢談奢求」了，不至於錯把需求與依賴當愛，卻老活在怨懟與不滿中。

不能做「第三者」

我不從道德角度著眼。

先告訴你幾個令人震驚，或你也可以說，令人欣慰的數據，這些數據雖然來自美國，但卻有它值得參考與探討的一面：至少有百分之七十的美國男人有婚外情（有些研究的統計數字甚至高達百分之九十）；這些男人有百分之七十五到八十五，並未永久離開他們的妻子；而那些離了婚的男人，只有百分之十五真的娶了當初的「第三者」；離婚的男人有百分之八十說，如果給他們第二次機會，他們會再娶原來的妻子。

「外遇」這個問題，在過去初期透過電影與文學披露探討之時，曾經帶給當事人兩極化的感受與情緒，外遇這一方正陷入甜蜜浪漫的激情中時，另一方知情後可能落入水深火熱的苦楚中。過去，我們普遍認定「外遇」是一種了不得的「背叛」（此純就情感醇度而言），如今隨著心理學與社會學的發展，探究的層面深廣以後，或許我們可以這麼說——在漫漫一生中，我們遭遇的大小事件不下千千萬萬，人的情緒情感，難免有脆弱無奈苦悶的時候，偶爾的失察或定力不足，造成與另一者的「生命觸動」，而後感情漸增。人是感情動物，這是他可喜也是他危險的一面。如果我們拉遠放大到這樣的角度、距離來審視外遇，「外遇」似乎並不那麼可恨，甚至於就某方面來說，因為對問題層面了解的越多，我們對外遇當事者就越多一分「同情」的諒解。

筆者這麼說，絕無鼓勵「外遇」的意思，相反的，透過對人性脆弱或不能及時覺察與應對的了解，或許，我們可以避掉許多外遇問題——包括它的發生或既發之後的處理。

時至今日，無論中外，「外遇」者當然是有男有女，不過，仍以男性佔大部份，撇開男性的「生理宿命」不說（很多男人不自覺的仍受「播種者」物種遺傳影響，這種影響既來自先天生理也來自後天文化社會制約），外遇的成因儘管複雜，卻多半令人覺得同情而值得諒解，《把妳愛的男人找回來》（黛安・芭柔妮與貝蒂・凱麗合著）一書中歸納男人出軌的十大原因，通常連他自己都不了解自己的動機。這十大原因是：中年恐慌併發症、與配偶的性生活公式化或欠缺、機緣上的便利（比如出差或旅遊）、人生千篇一律的枯燥因素、壓力鍋效應（工作或現實壓力過大）、別擠我（有些男人不慣親密，伴侶一要求親密，他就逃到別的女人身邊，這個「第三者」是可更換的）、生命的沮喪（通常因壓抑憤怒而引起）、報復（自己女伴的受歡迎……）、缺乏注意（配偶對他的存在已太習以為常）、風流浪子等。

以上成因中，除了「風流浪子」型屬較嚴重的「病態」外，「機緣上的便利」則屬逢場作戲，多半認不了真。這兩者以外，另外八者，從成因看來，似乎都有著當事人生命中一定程度上鬱積的苦悶，只是這苦悶自己往往也並不清楚該要如何抒發，而配偶或伴侶往往不是不察覺就是自己的性格與對應方式也有疏失。真心想藉「外遇」開啟新情緣來離棄「舊愛」的幾乎微乎其微。只是往往在與新歡相處中一方或雙方都有了真情後，問題才開始棘手。

時至今日，隨著資訊流通的便利，「外遇」問題有時更顯得像是一場「流行病」，有些人心存好奇、有些人抱著「別人行、我為什麼不行？」的心態，更有些人心想「反正人生就這麼活一回，不撈白不撈」。不管外遇的成因為何，「第三者」的勝算都不大，除非你也只是「隨機享樂」或者是「但求相伴，不求結果」型的人，否則，你如果想要在這種關係中尋求安定與歸屬，我想，多半是悲劇的成份居多。

隨著生命的成長，我們都將漸次了解，不僅生活有高潮有低潮、生命有高潮有低潮，感情、情緒也都是有高潮有低潮的，宇宙中萬事萬物自有節奏與律動，我們該學會的，或許是審視這律動與律動背後的成因，並找出真正合宜的對應之道，而不是隨波起浪、見風是雨的讓自己捲入一陣不在預期之中的慌亂裡。

問題是，有些人把一時的情緒低潮錯當了感情的末路，又把一時的情緒與情感需求錯投射到第三者身上，這時候，無辜受害的，卻往往是這個所謂的「第三者」。

當然，第三者往往也有她天真的地方，往往以為自己扮演的是拯救者角色或對方真的是「愛自己愛的要死、非自己莫屬」，卻往往到後來，才發覺自己只是微妙的成了人家伴侶兩造之間情感「調整」的催化劑。也許，妳唯一還可以自詡自慰的是，想開點，至少是功德一件。

我這麼說，當然無意認定「外遇者」對「第三者」絕無真情，甚至於很多人也會產生真感情，只是感情有深有淺罷了。問題就出在這裡了，感情是一種真正微妙的東西，我們前面說了那麼多外遇的成因，幾乎沒有一個是對原伴侶真已經到了「忍無可忍無法相處廝守」的地步，必欲分之而後快，那麼，「第三者」又有多少勝算？其理亦甚明。何況，一旦東窗事發，原配偶擁有一切既有資源為後盾，包括法律、道德、社會同情甚至這個男人對她依然有情……

我第一次看到鄭石岩先生嚴聲斥責「外遇」這種行徑是不負責任之時，不無驚詫，基本上，我不鼓勵外遇，但我同情外遇，外遇者當事人在事件發生時往往有他那個時候性格上的弱點、生命上的苦悶、或人生應對智慧上的不足，「沒有人存心想傷害別人，當他在自己都保護不了自己的時候。」這是我對生命的一種比較寬容的想法。

然而，現在我又贊成鄭先生的說法，就人類性行自覺的高標準來說，「外遇」的確是一種欠缺責任感的做法。照鄭先生的說法是，當事人應該先面對問題解決問題再說，這當然是一種真正的明智之舉，正本清源嘛，和原伴侶之間的問題要拿出最大的耐心與誠意來溝通來解決，解決得了時危機成了轉機；解決不了時看清楚了彼此實在不合適，分手未必不是上策。等徹底解決了原先的情緣，再來談一份新感情，這份新感情不但健康，而且當事人亦免除了許多人生不必要再添加的情感與人事糾葛。

所以說不「能」做第三者的原因就在這兒了，有百分之七十五～百分之八十五的外遇男人並未永久離開他們的妻子；離了婚的男人有百分之八十表示如果有第二次機會，他們會娶原來的配偶。這種情形，在筆者過去的文章裡，亦曾一再提到，那是一種情緣或心理上的「未完成」，既「未完成」，當然免不了牽繫、牽掛、牽絆，這種情感心態下，就算是第三者終而和外遇當事人有了廝守的結果，此外遇者亦會在事後，對原配因情感與心理上的牽繫而充滿愧悔，第三者如若知情，此「情」又何以堪？

猶有甚者，愛恨常只是一線之隔，有些外遇者說起他的配偶來，常氣得咬牙切齒，這咬牙切齒背後卻深藏著可能連他自己都沒有覺察的一份對配偶的深切期待，如果妳又錯估了這樣的訊息，認為這是他離開原配投向妳懷的有力保證，那可就終將錯失得不但離譜甚且淒慘了。大千世界情感的奧妙，常常不是我們這些凡人能夠「當機」參透的，人世間的情緣所以錯綜複雜，常有糾纏糾葛，也就不足為奇了。如果想要避免這些無謂的糾纏糾葛，一份乾乾淨淨的情感關係是絕對必要的。記得廖輝英女士的《不歸路》吧！做「第三者」多半是苦多樂少的，而且不但樂少，樂的時候還短得很呢！

看來，怎麼說這「第三者」都不利，縱使再愛對方，也只有鬆手退讓一途。也許有人認為我的說法消極，面對「真愛」應該力爭到底，但是那除了三敗俱傷外，我看不出有任何好處，今生今世，肉體生命不過數十寒暑，誰能真正佔有什麼？所有的遭遇，都是可貴的經驗，「相逢即有緣」，何不把一切的愛心善意，化作無限的祝福？

「緣滅」與「人格階段發展」

「婚姻（伴侶）關係是人生中的一段過程，而非目的地。它並不是感情的最後歸宿，而是人生的一種本質——有它自己的生命與壽限。」

「當妳愛別人甚於愛自己，當妳為別人改變成另一個自己時，請小心呵護妳自己，不要在失去了他之後，又失去了自己。」

拿到了達夫妮・羅斯・金瑪 (Daphne Rose Kingma) 著的《緣起緣滅好聚散》，裡頭（上述）的金言警句，赫然在目。這位美國的婚姻與家庭諮商專家，以她十五年的臨床諮商經驗，配合累積多年的深厚學養，為社會日漸高漲的離婚率（美國已達一比二），整理出一套「人格階段發展」論，算是為我們人類社會「緣滅緣散」的不幸，找出積極的意義。這種研究精神及「淑世」態度，令人欽佩。

達夫妮在書本中，先為我們打破陳舊的愛情神話，認為過往海誓山盟的愛情觀，不但早已不能反映我們的社會現實，甚且在錯誤或不幸的「遇合」中，平添我們的挫折感、矛盾感與罪惡感。

人格是「階段發展」的

在她長達十五年的追蹤研究中，發現任何一份彼此吸引而認真的男女感情，在分手時，事實上都一方或雙雙的完成了「人格的階段成長」——「我們每一個人在一生中都在設法做一件事，那就是『塑造自己』，透過我稱之為成長發展作業，更產生了這種自我評價或自我發現的過程。在生活中，正是我們的婚姻（伴侶）關係，幫助我們完成評價自己的成長與發展。」「而婚姻（伴侶）關係乃是獲得別人幫助最自然不過的方式。愛情是我們賴之以互相提供幫助的媒體。根據這個定義，從和諧的愛情之中，可以付出與取得等量的幫助。」

中外哲人都贊同，今生今世，我們藉由伴侶關係，在彼此的撫慰撐持之下，獲得啟發與成長，學會「自愛愛人」，養成「全德」後，再由小愛擴充為大愛。問題是剛開始我們並不是「全人」，甚而終我們一生，也養不成「全德」（能養成的絕少）。生命的成長與進化，原是一條迢遞長路啊！

所以問題產生了，兩個「不全之人」需要互伴互補是一回事，可是兩個「不全之人」要如何廝守終生，卻又是另一回事，甚而是大學問大修養呢！

因而，除了少數「從一而終」的遇合外（包括婚前婚後），多半的人，終其一生，都或多或少經歷過「緣盡緣滅」的痛苦，而除了受命運撥弄者外（其實我不怎麼相信命運），其他人只要能自覺肯省思，又無不發現前一段情緣在我們人生中，可能已幫我們完成了某個「階段發展」。除非當事人只停留在「緣盡」的幻滅痛苦中，而不肯進一步去省思某一份情緣在人生中出現的積極意義，那麼他人格階段的「成長」，就未獲「完成」。

生命並不完美，我們每一個人都在「渴愛」，而渴愛的背後，正因為我們「欠缺」——生命的欠缺——因而我們在「互補」的需求中，找尋伴侶。但也正因為我們生命的不完美不圓滿，我們才有無限的成長空間，此乃大可喜悅之事。

「已完成」或「未完成」？

記得我曾在〈再探女人專一，男人永久〉一文中，首度以靈學角度探討「完成」與「未完成」的觀念，來解釋緣是「真滅」或「假滅」，如今衡量諸心理學家的眼光角度，說法依然相倖。只不過拙作中「完成」之說偏重「心靈」與「情緣」，達夫妮則偏重「人格發展」。

舉個「人格階段發展完成」的例子是一者自幼穩重幹練像父親，一者活潑稚嫩像女兒；

前者太堅強早熟而缺人疼惜讚美，後者活潑可愛之餘卻缺獨立自主的能力。二者結合，互給（取）所需，待缺憾補足，人格發展「階段完成」，很多伴侶，因為未能在結合過程中培養出生命的「交感」與「交集」，竟爾分手。

因為它已達「階段完成」，亦屬「完成」狀態，此種緣盡，憾恨不致太大。

怕的是一方「完成」，一方「未完成」；或者是雙方均「未完成」，我們看很多夫妻，吵了一輩子，老掉牙的問題依然原地打轉彼此折磨著對方的心靈，當然是雙方都未達成人格上該有的成長。另外則是前述兩種未完成的伴侶，終於不堪折磨而告仳離，對那人格未發展完成的一方或雙方，這種「緣盡」依然是一種「未完成」，不但苦恨特大，往往在分手前折磨特多，矛盾充塞，尤其在分手後，因為沒有得到該有的人格成長，以致很快又會再度遭逢類似的人、事，重新琢（折）磨。除非「自覺」了，「了悟」了，才能避開再一次不協調的痛苦。

雙方均未完成，亦在對方身上找不到彼此滋養的智慧與意願，廝守誠然是一種莫大痛苦，我們看很多夫妻貌合神離到彼此互動幾近於零，一個屋簷底下兩個人交互之間沒有生機只有暮氣，或者只剩非常必要責任的交代，比如交薪水袋、吩咐購物辦事……，二人心靈已然完全不相屬，此種廝守模式，尤其讓當事人無奈。

如果是雙方「人格發展」皆已「完成」，沒有交集，兩願分手，固是一種人格上的「階段完成」。如果雙方人格雖未發展完成，卻已彼此折磨至再也廝守不下去，關係中已無「生機」，終而了悟，分手方是明智抉擇，算得上是一種「心靈」上的「完成」。這兩種「緣盡緣滅」，已臻「瓜熟蒂落」、「水到渠成」地步，故可無憾或少憾。

怕就是怕，一方願離一方不願離，或者只是在廝守過程中因一時不諧雙方誤會感情走上平原低谷期時（任何一份感情，有高潮也有低潮，乃是正常現象），憤而求去，日後方悔孟浪，此時心頭之憾，固因情緣的未臻「完成」，恐怕也只有仰賴當事人靠著智慧來化解了。否則，憾恨始終不解，豈不太苦？

階段發展完一定要分手嗎？

話說回來，達夫妮雖從眾多離婚案例中歸納出「人格階段發展」論，緣盡到底非人所願，因為人都是情感動物，再決絕的人也難免有「顧念」之情。因而，如何在彼此人格「階段發展」完成前就培養出溝通智慧，透過真正的了解，建立彼此更多的生命交感與交集，達成共識，展開（助成）下一階段的人格成長，好使彼此情緣長久，甚而廝守終生，方是人類大願。否則，對離婚緣盡，恁是「積極」的觀點，我們依然只能「消極」的接受。終非上策。

真、假「互補」？

西方研究「金字塔力量」，被視為「通俗科學神童」的派催克．佛蘭拿根，曾對兩性理想遇合，提出「拼圖」觀念：「我之中存有一種不平衡……這種不平衡不利於我的其他關係。我的一個層面不見了，就像一套拼圖圖片中的一片遺失了。一旦我了解是怎麼回事後，我就發現完成拼圖的那一片。」

少掉的那片「拼圖」，導致身心不平衡，這是我們需要伴侶，尤其是需要「互補伴侶」的原因，此種虛欠不得滿足的感覺，總不自覺的從我們生命中流露，驅迫我們去尋找另一半。

美國的離婚率，目今已高達一比一，每兩對結婚，就有一對走上仳離；臺灣離婚率亦日漸提昇，現在已高達四比一的地步，也就是每五對中會有一對勞燕分飛。是什麼因素，促使亞當夏娃的子孫在相愛之後，卻不能白首偕老？我想在眾多因由之中，探討一下「遇合」與「互補」的關係。

筆者恆常以為，一份情緣的好壞，「遇合」是先機，「善緣」較易於相偕以終，否則反是，那「遇合」之中的首要條件之一——「互補」，到底內涵為何？

在一系列的閱讀中，終於看出端倪，這個困惑我許久的問題，總算找到了答案，就人格發展或心理層面來說，它或許可以警惕我們許多人，小心不要誤蹈「人格需索」的陷阱——我把它名之為「假互補」。

一切的文字定義解說之後，終而還是靠心理學家為我們在千百案例的整理歸納呈現中，透露出了蛛絲馬跡。

以前我總認為「來電」就好，「來電」固然有它物理上的合理性——彼此電波頻率的相似相近，造成一種強烈的吸引力。然而「來電」猶如一艘徒具強大動力的船隻，但在茫茫然的生命（歷程）大海中，它卻缺乏「定向」的智慧。也就莫怪許多已然「來電」方才交往的伴侶，遲早還是走上分道揚鑣的路子。

達夫妮・羅斯・金瑪（Daphne Rose Kingma，《緣起緣滅好聚散》作者）認為我們的一生，每一個人都在設法做一件事，那就是——塑造自己。而伴侶（婚姻）關係協助我們完成彼此外在的（比如工作、學業、事業）以及內在的（如心理、情感和人格）方面的成長發展過程。

這方面伴侶關係給我們的協助是最自然也是最方便的，而愛情則是我們賴之以互相幫助提昇的媒體。此一說法，與中外哲人、文人的說法倒不背離。問題是文人們太美化愛情之後，竟然發現愛情在現實之間的易於萎頓落空，而只能徒呼負負，空嘆奈何。以致文人筆下眼中的愛情，常常是一則短暫美豔迷濛的「！」與「？」

在達夫妮長達十五年的研究追蹤中，發現伴侶（婚姻）關係，在「心理成長作業」基本上可分為兩大類——一為「彌補」童年遺憾型；一為「發現」童年情感內涵型。姑把它們名之為彌補型與發現型，各舉一例。

彌補型

他自幼扮演父親角色，因為父親事業忙碌，常不在家，他必須忙裡忙外，兼代扮演照顧、支持、陪伴、安慰母親的角色。過早的擔負使他幹練，但相對的，自幼他未嘗過被愛的滋味，包含被人愛憐、嬌寵、誇獎、擁抱等。

她，父親酗酒，母親忙著養家餬口，為彌補缺憾，母親在物質上滿足她。她既缺父愛，又缺母愛，唯不缺物質，自幼並未真正吃苦，其實是個被慣壞的孩子。

二人邂逅、互補產生，真有強大吸引力，她欣賞他的成熟穩重，他喜歡她的活潑熱情。

幾年相處，他教會了她一切獨立自主、應對處世的能力；她也給了他任何該有的禮物、擁抱與信任、讚美。二人情感與心理上的缺憾，皆發展完成。回頭對望，彼此不再「需要（吸引）」對方，二人世界也沒有任何「交集」，竟告仳離。

發現型

他在家是長子，下面有一群妹妹，母親告訴他，為了妹妹們，他自己的需要必須放在一邊，所以他自幼就是個被迫「沒有自己」的角色。

她在家是么女，總是設法引起她大哥的注意（父親是酒鬼），介於大哥和她之間，還有三個姊姊，她大哥從小就嫌妹妹們煩，尤其嫌她。

兩人相逢，不自覺地扮演起幼年在家中的角色，結果幾年相處，二人爭鬧不休，他嫌她煩，她嫌他老小看與批評她，當初強烈吸引早已蕩然無存，鬧到心理診所，透過心理醫生，方才發覺二人透過幼年時期感情的重新構圖，均已體會、表達和識別早已埋葬多年的童年情感。成長階段藉由此一發現與覺悟而完成。之後檢視二人之間，竟沒有一點共同基礎、可供分享的情感，也沒有類似的價值觀念。乃決定分手。

人格的缺憾是「互補」的缺口

人格或心靈的缺憾造成「互補」的缺口，以致產生人與人之間的吸引力與需要。這一點，在了解「互補」的真正內涵後再配合上佛蘭拿根的「拼圖」觀念，很容易在我們心理上產生明晰的認識。我所以叫上列兩種情況為「假互補」，是因為他們純為「需要」——真需要假互補，在相處過程中，各取所需，餵飽了彼此之後，竟再也沒有廝守的誘因。

這麼說當然無意指陳當事人這種各取所需是一種「故意」，但是彼此並不自覺可能是真的。我們犯的很多錯誤與人生中的遺憾，常起因於「覺察性」不夠，以致缺少及時對應的智慧，而致事後追悔不及。

分手的因素也許很複雜，人格的「階段發展」完成，是否就一定會造成分手？當然是未必，我覺得這可能也關係到學者本身研究的「斷片」取材及他的價值觀，上面這些個案如果交到專門研究溝通技巧的《男女大不同》作者約翰．葛瑞博士手上，也許就不致造成分手，因為在約翰．葛瑞博士那兒，我們可以更加了解兩性的差異，也學到更多溝通技巧，透過這些新認知，一份關係的當事人雙方可能又建構了新的聯結點，可以展開另一個階段的人格成長。彼此可以是互相助成的最佳拍檔，而不只是互取所需的短期合夥。

我發覺，一份關係的久暫，跟當事人彼此是否「照眼入心」也很有關係，有很多伴侶，結合了一輩子，始終用眼看對方，卻未嘗用心，那生命要怎麼「交感」呢？印度上師拉吉尼希說，我們大部份人的關係，其實都「只在邊緣互相碰觸」，既在邊緣，該如何了解對方這個生命？生命要冀望交感，看來不是件易事。

而「真互補」呢？則是在相處過程中，彼此學會欣賞、了解、支持、付出、啟發，有共同分享的情緒情感，有良好的互動，有相似的價值觀念……以成就一份可長可久的情緣。

「互補」的條件

「互補」的先決條件是：我們對自己了解的越多，對另一半的選擇可靠性也就越大，而這個對自己及對方的了解，應該是人格上的、心靈上的、生命基調上的、氣質上的，而不是現實生活條件上的，更不應該只是外貌上的（後兩者應該是附帶條件）。

當然，「互補」的情況常不如此單純，常常一個當事者並不能從單一對象身上得到完整互補，以致外遇頻仍，但這是另話，本文不作探討。

何必珍珠慰寂寥

是不是因為沒有碰到真正「身心投契」的伴侶，男人才會容許自己再尋覓愛侶？……雖然男人是視覺性動物，性驅力極強，但這「生理宿命」能否得到妥善的克制或轉化？

柳叶雙眉久不描，
殘妝和淚污紅綃，
長門自是無梳洗，
何必珍珠慰寂寥。
——梅妃

頃讀曹又方女士大作《男人真命苦》，裡面提到男人性愛風流，是一種「生理宿命」——

為繁衍人類子孫，男人天生是播種者，其實男人只是先天性的做了自己身體的奴隸。這一點很引我深思。另外，曹女士又提到男人下娶，女人上嫁，如今社會上失婚女性多為中上階層（中外皆然）。很多女人貌美復多才，或者高職高薪，學有專精，卻因性傲倔強，獨守空閨。這是引我深思的問題之二。這兩個命題一交錯的結果，不知怎的，無來由的想起了唐玄宗的梅妃。

唐玄宗在武惠妃死後，派高力士親訪美女，遍尋之後始得江采蘋。因江妃性喜梅花，唐玄宗又命人為她建梅亭植梅園，從此上下呼她梅妃。梅妃是一個「淡而不豔、雅而不俗，頗饒風韻」、能詩善繪、精音律會跳舞的才女，唐玄宗對她專寵兩年，因梅妃生性孤冷，端莊自持，雖亦溫文爾雅，柔情蜜意，終使風流成性的唐玄宗意猶未盡，待一遇到「豔麗中含有純潔，端莊中伴有活潑，文雅中又雜有幾分野性」的楊玉環，玉環的活潑野性激起了唐玄宗的生機，終而兩情繾綣，再也分不開了。雖然這期間玉環為得專寵，也使了不少心機、手段，耍過數次性子。

唐玄宗的「真愛」
梅妃或楊貴妃？

唐玄宗後來當然是陷入兩難，梅妃是舊愛，玉環是新歡，新歡斥舊愛，玉環擅爭，梅妃性退讓，大唐天子的閫闈，由誰入主，其理自明。這其中唐玄宗夾在兩個女人中所吃的苦頭，與內心的矛盾難捨，想必只有他當事人最清楚，梅妃的〈樓東賦〉、〈一斛珠〉，所引發他思念的幽情，那種情緣難再的啃囓，也只有他自己最明白。

後來，安祿山兵變，貴妃死於馬嵬坡，玄宗傷痛至極，衰朽殘年，回宮想找尋另一慰藉，無奈梅妃佳人芳蹤已杳，早亦死於亂軍之手，只能勉強藉梅妃畫像聊慰孤寂，並為她雕石像紀念。

人生中，情緣的錯縱，常出乎我們意料之外，唐玄宗怎麼知道這一「順情性而下」喜愛上楊玉環的結果，是他離梅妃越來越遠？即使他貴為帝王，對這種情感上的事都要莫可奈何，更何況是一般人？當然話說回來，情感是人性的表現，情感與人性都是不分貧富貴賤的。

引唐玄宗的三角戀愛，就是因為曹女士書中提到男人「生理宿命」的關係，這種情況，可引我們深思的有二：

一是，順此一「生理宿命」將引發多少悲劇？除非是沒有感情的純生理宣洩。問題難就難在人是情感動物，與另一個體相處，難免日久生情，有了真情以後的三角習題就難解了。今日很多外遇問題，多半悲劇收場（沒有真情者除外），就是觸發了一個人類最原始的本性——獨佔慾，恐怕這是造成今日兩性不和與不相信任的重要因素。

「真愛」應是獨佔的，我還是很難理解為什麼男人可以同時接納兩個以上的女人，不只是性，還包含心理？其實「獨佔」是不分男女的，反過來，一個男人，如果他最心愛的女人心裡另有男人，我想他也是無法忍受的，「獨佔」之於男女，影響力一樣大，男人為什麼不能「將心比心」？說生理宿命，固是事實，是否因之也成了最好的擋箭牌？一旦有了真情，情感的天平上雙方都難以取捨時，不要法律道德制裁，個人的良知折磨就很夠受。

二是，是不是因為沒有碰到真正「身心投契」的伴侶，男人才會容許自己再尋覓愛侶？也就是說，是否男人是因為沒有遇到一個「身心契合」到足以讓他「定止」在她身上的女人，男人才會「難以克制的」、「不自覺地」繼續風流下去？雖然男人是視覺性動物，性驅力極強，但這「生理宿命」能否得到妥善的克制或轉化？

如前引唐玄宗的故事，在他心理天平上，到底梅妃重還是玉環重？我想依男人「性愛一體」的天性，對他有強大吸引力的，應該是玉環，否則他也不會費盡心機，花下那麼大的功夫去搶自己的兒媳婦了。

細究起來，玉環除了美豔豐嬈的外型與性魅力很對唐玄宗的口味外，就心性論，可能還有好幾處與唐玄宗隱合的地方：第一，她活潑帶野性，能激發唐玄宗的活力與生機。男人一生可能因為普遍壓抑感情，也不擅於表達感情，「感情神經」因而比女人來得遲鈍，遇到一個活潑或帶點野性的女人，熱情洋溢佻達的言行舉止易於引發觸動男人的「情弦」，造成彼此活絡良性的「互動」。否則太過端莊矜持害羞的性格，易使二人模式遲滯靜止，而暮氣沉沉。第二，她醋勁大發時，能纏能鬧。這一點很值得探討，因為很多男人吃這一套，或者即使不想吃，卻能被「制」住。記得讀過一本通俗的書，上面說有些男人喜歡「歇斯底里型」的女人，書上說了理由，我當時不解，事隔多年，現在漸能體會。男人可能因為在情感上多半是「弱者」，或「欠缺自信」，男人在情感上弱的原因，多半是因為男人無暇細思「情」這個問題，「歇斯底里型」的女人多疑善妒，極度不安，恐懼失去男伴，那些發作時極度失控的言行，一方面會讓男人不忍，一方面會激起男人「被需要」的重要感。我們發現，即使一個正常的女人，在情急之時聲淚俱下、大聲咆哮指控，經常也是會促使對方省思珍惜的，因為人在情急時往往流露真情。當然如果有人故意以此手段「控制」男人，那就很可怕了。相對於玉環的能纏能鬧，梅妃顯然太端莊太內斂也太退讓了（雖然她可能只是退回去生悶氣）。第三，玉環很能撒嬌也很妖媚。男人的天下，陽剛氣太重，競爭性強，男人每天生活在硬梆梆的體制裡，面對各種挑戰，退下身來回到女人身邊，就是想要享受一份「柔情」的，女人能柔能嬌，男女間需要的一柔一剛，正好互補上了，唐玄宗怎麼還放得過楊玉環？

梅妃的「弱點」

而梅妃呢？短兵相接，她退讓；玉環潑辣發火，她退讓，她忍了好多屈，連唐玄宗派高力士送她「一斛珍珠」，她都會倔傲的以「長門自是無梳洗，何必珍珠慰寂寥？」詩句婉退了唐玄宗的心意，這婉辭的倔傲之後，傳達出來的其實是深沉的怨懟與難遣的寂寞，唐玄宗雖能體會，卻也難以使勁了。同時主客觀因素已然也都不容許唐玄宗再去關照梅妃了。

我前面所以說她「孤冷」也就在這裡，梅妃之才之貌，應該是可人的，可是，梅妃的心性與玉環一比，一冷一熱還是很明顯。在酒宴上漢王不小心踢到她的繡鞋，她就「怒而退席」，她自己回去生悶氣，而唐玄宗卻不知情，這種「小心眼」，也是唐玄宗覺得她難侍候的地方。她二人一喜梅花，一喜牡丹，花性正好符合了人性。

唐玄宗後來對梅妃，愛戀固有，真難排遣的，恐是一份歉疚。

我所以花這麼多筆墨來比較梅妃和玉環，正是因為曹又方女士的書本裡提到好多優秀的女人為何「寂寞」的問題，也有很多人問：為什麼男人明明娶了「賢妻良母」，依然要在外面偷吃腥？為什麼某人的太太貌美又嫻慧，先生依然「不安份」？為什麼好多「好女人」，不容易嫁出去？

「好女人」要學會什麼？

這些因素當然很複雜，有些心理因素已如前述，再撇開「下娶上嫁」的問題，純以個性論，所謂優秀的女性，往往有主見，有個性，甚或有自己奮鬥目標，有自己生存空間，遇有不合，容易一頭鑽進工作、事業裡去，這些優秀的女人往往也較「社會化」了，像男人一樣在情感上漸漸成了「弱者」，加之不了解異性，到最後可能成就了事業，失去了伴侶，是得是失，就真不知道了。

曹女士心疼這些女人，曹女士也心疼終日只知拼鬥的男人，《男人真命苦》這本書，站在一個超越的角度，透視男女問題，書中或者嬉笑怒罵，或者疾言厲色，讓我們看清好多男女問題，也看清好多男女不自覺的面貌，在大聲疾呼之後，流露出來的，是作者對兩性深沉的關愛，值得我們再三省思。

我想，女強人把三分心思放在情感上，學著放開自己，男人也把三分心思用在情感上，互相對照一下，彼此正是對方的鏡子，或許就比較容易了解對方了吧，誠如曹女士所說：「兩性既是自然和深刻的需要」，自當是要「卿需憐我我憐卿」啊。衷心期望，兩性彼此擁抱的，是赤忱的關懷與真正的相依，「何必珍珠慰寂寥」？

讀你千萬遍

愛情真實嗎？

愛情真實嗎？

如果你提出這個問題，去翻遍古今中外文學、哲學或心理學家著作，各家說法均不一，甚至會有完全不同的兩極說法。持否定說法的人，觀點消極，他們認為愛情是虛幻的，「事如春夢了無痕」；愛情又是會變易的，今日山盟海誓的密侶，明天可能反目成仇，甚至視同陌路，更甚者比陌路還不如。而持肯定說法的人，則認為「問世間情是何物，直教人生死相許」，不但今生今世，要與你福禍與共，生死相隨，天上地下，唯你獨一，甚而更期諸來世永生，願生生世世永不相離。然而，愛情到底真實嗎？它只是我們迷離惝恍、一晌貪歡的夢囈？抑或今生今世，作為肉體凡軀的我們，兩人相依相扶，互珍互惜的最大享受與安慰，漫漫人世，最值得肯定與追求的親密關係？

先不急著回答是與不是，我想，絕大多數的男男女女，為它憧憬，卻又為它迷惘。然而，我們至少可以肯定的一點是，它，對你、我的一生，影響絕大，否則我們不會朝於斯、暮於斯，念茲在茲，那怕是一個再堅強再理智或事業心再重的人！

人生漫漫，我們每一個人，不明所以，亦無所選擇的投胎到人世間，歷盡一世琢磨與滄桑，每個人或多或少都有蒼涼與孤獨感。情愛，在年輕時候，它也許是一種憧憬，一種好奇的探索，一種生理心理的驅迫。然後，隨著年齡的增長，它漸漸成為不可或缺的生活要素與生命甘味。有些人得到它，不知珍惜；有些人有了它卻不快樂；更有人得不到它，而心頭悵然。自古以來，怨偶多於良緣，男女為此擾攘不休，有人美其名，暱稱它為「男人和女人的戰爭」，但不可否認的，自來悲劇著實不少，當我們為那許許多多男女之間曾有的愴痛唏噓慨嘆的時候，似乎我們再也輕鬆不起來了。

愛人哪，我們可以「永浴愛河」嗎？

愛情啊，你到底是個什麼東西？愛人哪，我值得你為我永浴愛河嗎？我想，這個問題，我們老祖宗時代應該已為它頭痛神傷。到了今日，隨著女權伸張、女性受教育機會平等、女性解放意識醒覺、「男女平等」時代的屆臨，兩性相處——和平相處、親密相處，也就成了最重要的課題。有首流行歌曲「新鴛鴦蝴蝶夢」中有句詞確實有它的代表性——「愛情兩個字，好辛苦！」——它，愛情，似乎永遠可以吸引住任何年齡層男男女女的注意力。再回想，無論是東方聖賢的「陰陽互濟」、「陰陽和合」的說法，或西方柏拉圖的「形圓性全」的主張，都是切中人性的。

曠男怨女，永遠是人類世界的遺憾！

然而，兩性的不和合，究竟是愛情的不可信，抑或是兩性相處出了問題？古時的家庭制度，兩性情愛不被凸顯，時至今日，人權伸張，女性主義抬頭，小家庭取代了大家庭，兩性相處的問題始被彰顯出來。

民智大啟的結果，我們以為會有理想的兩性模式，事實並不，男女兩性互相吸引的天性，結果也並未給兩性相處帶來和諧而久長的保證，這一切，都不免讓人質疑——愛情乃至婚姻，到底可不可靠？

愚意以為，它們當然是可靠的，不但如此，愛情和婚姻，對我們一生，有絕大的安慰和穩定的力量，值得你我努力付出，以換取這種莫大的幸福。

「伴侶之愛」是發展人格最佳途徑

人生一世，孤獨感不免，情愛是袪除孤獨感的最佳利器，而且透過情愛的依需與滋潤，是我們發展較完善人格的最佳途徑，兩性伴侶相處具備了下列幾個特質，故而給予我們最好的相伴與磨練的機會：①普遍來說，男性擅長外在自我（理智），而女性擅長內在自我（情感），雙方可藉由互相學習，而養成較完善的人格。②兩性長相廝守的環境，提供了彼此省思與學習的便利。③相知互依的伴侶，是人生最大的扶持與安慰。

曾昭旭教授曾提出人類追求情愛是為了實現自由，事實上，一份完善的愛，讓彼此在相處過程中互相學習，的確能擴大我們生命與人格的內涵，而內涵擴大後，領域隨之寬廣，自由自然跟著增長。所以，愛固然是責任，但愛卻不應該是「束縛」。

異性，對我們而言，永遠有它的吸引力，也有它的神秘性。男人說：「女人心，海底針。」其實，在女人眼裡，男人心，不一樣也是海底針嗎？兩性之間，有它的蠱惑，也有它的神秘，可是，相對的，正因為不了解，相處起來自有它的困難，我們知道，「相愛容易相處難」，是以，在相愛相吸與誤解相斥這兩極之間，產生無窮向度，加上當事人性格的不同，造成迥異的愛情風貌，端的是：有時纏綿緋惻，淒婉哀怨；有時針鋒相對，戰火疑雲；有時甜蜜溫馨，純摯感人；有時嬉笑怒罵，令人捧腹。

男女之間，悲劇、喜劇、鬧劇不斷上演，不幸的仍然是：悲劇何其多！兩性之間不斷以自己的思維模式與價值取向去期許對方，開始的吸引，終將在日久罅隙叢生之下造成不和，我們很遺憾，該和合的「陰陽」之間，產生了如許之多的不安與不快，如何促成兩性了解並探討相愛真諦，也就成了人文學者的重要課題了。

真愛，需要學習

兩性互相吸引，是天性，但兩性之間如何和諧相處，則是門大學問，愛的模式，愛的行為，甚至愛的語言，無不需要後天不斷的努力學習與省思。人生諸事，皆需不斷在摸索學習中成長，情愛何獨不然。很多人一遭遇情感波折，便立刻認定對方不好不對，或從此對感情一事失去自信，退回自己的保護殼——封閉的心靈——中，過著苦悶沮喪或麻醉逃避的日子，沒有勇氣、喪失信心再去追求一份健康的情感，實亦大謬矣！

其實，人性有無窮向善的可能，也有無限的啟發性。我們不但不必過早對別人絕望，更且該對人性秉具信心，把持自己，並進而去誘導，去啟發別人的善根善性。尤其對方是自己心愛的人。此說雖非易事，但卻值得我們去努力、去嘗試。把它放在兩性情愛上，尤其是如此，因為如前所述，兩性的相處，透過彼此的接觸，更容易有機會使自己成長，並成就一個完善的人格。

坊間充斥著各式各樣描情述愛或媒介兩性的書籍，有些閱後使人茅塞頓開，有些卻會造成誤導，兩性關係因此愈趨複雜，甚至造成更多矛盾、衝突與悲劇。有些書籍雖然不錯，閱讀當時也許讓人拍案捧腹，閱後卻並無補於兩性相處，比如血型、星座、屬相、甚且面相之類，可能助成我們了解對方一些性格並幫助做分類，但對兩性之間該如何和諧誠摯相處，卻欠缺進一步指引與了解。又如一些書籍，作者見兩性之間習見之「然」，但憑一己主觀判斷或社會上大眾的口耳相傳，即「著書立說」，實則往往因為欠缺深入了解的客觀性，反倒導致彼此更大的誤解與錯誤的判斷。再加上社會上通行的言情小說氾濫，推波助瀾，更加深了一般大眾對男女情愛一些錯誤的認知或幻夢連連……。

積極正統見解之所以可貴，乃是常在我們本然性格之外，為我們指引出一條需要修為的道路與方向。即使我們的孔聖人，他的一生亦是到七十歲，才「從心所欲不踰矩」，要經過數十年的努力修行。我們的愛情行為又何獨不然？看來在談情說愛上太執著本性，固會成全各種不同愛情風貌，可是相對的也較難有理想的兩性情愛。

重新為「愛情」定位

行文至此，筆者再三強調情愛的可貴，但同時也再三主張愛情性格的可塑性與學習的重要。目今離婚率日漸高漲，在泰半的男性依然迷信「事業第一，愛情第二」的情況下，我們實在很有必要為這些重要人生課題重新定位。理想的定位可能是：我們找一個互相吸引並志同道合的伴侶，相攜相倚，度過一生，途中一方面實現自我，一方面助成對方完成他自己。所以在人生道上，彼此是愛人的同時，亦是對方的「最佳拍檔」（在心靈上甚或在工作、志業上）。

我們可能不能再迷信所謂「浪漫的激情」，浪漫激情固然可愛而令人銷魂，但它不易久長，充其量只是生命偶現的火花，卻不是生命與生活本身。人生漫漫，我們需要一個攜手同行、相知互惜的伴侶，與我們喜樂時同甘，挫折時互慰勉互扶持。照這樣說來，情愛是依歸是根本，而事業或工作則是人生的過程和實現自我的手段也是目的。也就不至於有男人「事業第一，愛情第二」，和女人「愛情至上」認知與期許上的落差出現，以致男女之間齟齬連連。

而隨著女性的日益「社會化」，男女兩性的「社會（化）性格」均加重，工作壓力的增多，家務職責亦開始分工，未來的時代，兩性將日趨中性化，我們對另一性將有更多的了解，亦將有更多的學習。中性化以後的兩性，彼此人生經驗、心靈距離拉近，溝通起來應可方便許多。

反觀今日，歐風東漸一段時日之後，社會日益開放，性解放的結果，是社會上兩性關係的混淆，「愛情速食文化」有慾而無愛。我們相信，這是工商發達，物化太重的後遺症。人類心靈越空虛越不安，越需要官能刺激，而又少有時間去培養曠日廢時、需要精雕細琢的愛情，以致失意或隔膜的情感比例有增無減，造成多人的惶恐，不敢去營築一份健康的情愛。然而，孤獨無依的身心又確實需要異性的慰藉，因而出現很多只想獲得而不想付出不想負責的偏差感情，又造成彼此心靈的斲傷，如此相因相果，惡性循環，的確在我們的社會產生不少病態，製造更多的不安。

「這個社會病了」，我們大家如是說，病源病灶固然不止一端，但細究起來，「夫婦」一倫為五倫之首，建立兩性和諧的情感，不只是個人之幸，更是社會之福，兩性和諧確能帶來如此效應，不容我們小覷。

好在近年來世界各地甚或我國已有很多先知先覺型的思想家、人文、社會學者，不斷提出工商發達物化之後的反思，有關男女情愛模式問題、相處問題，在探索研究之後有許多確見精解，是為社會之幸。

紅塵有愛，讀你永不厭倦！

我們渴盼與一個相愛的人長相廝守，彼此吸引是先決條件，也就是所謂的遇合問題——善遇良緣。但即使是互相吸引的善遇，仍要透過雙方有心的將養，灌溉這株愛苗，這其中所需要揣摩與拿捏的分寸，真是一門大學問，但在耕耘之後總會有收穫，它為我們換來日益的相知與更加的憐惜。「紅塵有愛」，「愛」是造物主給生命最大的恩賜與獻禮，也是生活最好的甘味。我們如因畏懼失敗而逃避，逃避之後只會換來更大的空虛和寂寞；我們如果肯定情愛歷程雖艱難，卻可透過「正確」的努力而換來莫大的幸福與溫馨，則這種付出就絕對值得嘗試。

一個甜蜜的愛人，永遠是我們今生心頭最大的安慰，也將是我們最甘願最甜美的擔負。與相愛的人長相廝守，我們願意啟發彼此的善性，對方的心靈世界有若一座寶礦，又如一本精彩絕倫的好書，足夠我們咀嚼一輩子，「讀你千萬遍，永不厭倦！」

要對方不封閉，能夠愛，先敞開我們自己的心靈吧！

輯三

文藝男女

探索女性情結

——從李昂的〈貓咪與情人〉談起

前　言

讀李昂的〈貓咪與情人〉，引起我想做探討的最大原因，是這裡面傳達出了典型的愛情共相，卻也是最讓女性讀者感到不平的地方，那就是：這樣的愛情模式，這樣的男女關係，對女性而言，太不公平了。

我說它是共相，因為它在社會上太普遍——男人事業為重，愛情可能只是調劑、是陪襯；女人卻以全生命相投注。〈貓咪與情人〉是最不假雕琢，最不事修養的「順男女本性」發展出來的愛情故事，具有最原始的風貌，也具有最野性的震撼力。雖則內裡男女主角都已披上了現代文明的外衣。是以，無論在意識上，或在愛情行為模式上，茲篇絕對有它可供探討的價值。

筆者只想藉該文，省思一下男女關係。

不對等的男女關係

這個故事裡，角色只有一男一女一黑貓。黑貓不管實存與否，在這篇小說式散文裡，牠的象徵與對比意義極大——女主角性喜性野難馴的人與物。黑貓之所以被女主角選中豢養，正是因為牠敏捷、慧黠的特性，「全身不帶一根雜色的烏亮黑毛」以及因此只見兩隻轉動的碧綠眼珠。作者藉性野難馴、行蹤不定的貓咪，來象徵那個和她一開始就未作任何承諾，以致行蹤不定，始終無法掌握的情人。

「最始初自然是一種熱切的吸引，只要能同他在一起，俗世的索求也微不足道。」但是，女主角卻因日久情深，「過了最始初情愛濃烈的階段，接著的是無數驚心與苦痛，擔心是毫無承諾的這段情感，了無保障。」

我想，發展進入這樣的情況，也就呈現出大半愛情的通例通則，男人注意力與精神又復幾乎「完全」投到工作與交際上，女人與愛情成了男人生活中的調劑，而女人，因為普遍感性重情，生活與生命的重心，遂以兩性情愛為依歸。以是，自古以來，男女兩性的相愛或相處，不曉得產生了多少誤解，甚或悲劇。

就拿這篇〈貓咪與情人〉來說吧，情人的可愛處是「在社會上已有被公認成就的情人，聰慧、迷人。」可恨處或可議處是「卻為著種種原因不能給出任何許諾。」「有的就是那麼一點感情，還要依這個大千世界所需，普渡眾人的散化到諸親人友好身上，剩下的，就是那麼一點，如何都再逼不出多一絲一毫。」「他總要說『人在江湖，身不由己』，要他作進一步的犧牲，自是不會肯的。」「他有各種關係、各種人、各方面都需要他。我最不能給的，就是時間，情人常說。而愛情最需要的，就是時間。」以致女主角懷疑「這世上也許無所謂真情，有的只是相關條件下互動的關係，牽了實質生活的一根線的彼端，觸動了另一端的心弦——世人有的，或就是這一點點連帶的情感。」

「情人不能常來，來後也無處可去，唯有的地方僅成那一張床。」就像黑貓，野完了，玩累了，最後會回來，為的是索求一碟貓貓魚，以及一覺酣睡。等養足了精神，牠又跑到外面的世界「馳騁」去了。

而女主角竟癡迷到「他來的時間也同樣不一定，為了要能見到他，只好讓自己的時間永遠處於真空狀態，隨時能接納他，不管是任何時刻的一分一秒。」

女人一旦愛到這種地步，全部生活以男人為重心，而男人只當女人處是可以「身心加油」的地方時，女人一定會陷入極深的怨懟之中，男女兩性相處的不快、誤解與裂痕，因此產生。

情絲剪得斷嗎？

女主角不是沒有想過分手，但卻是剪不斷、理還亂。既揮不動慧劍，自然斬不斷纏纏綿綿的情絲，這種因愛產生的怨，往往如蟒蛇纏身，恨生一分，愛孳兩分，狠心的下一次分手的決心，下一分鐘可能帶來的是更巨大的不安與不忍。這種痛苦，這種折磨，的確如纏上身的巨蟒，在往復掙扎之間，竟然是空間越來越小，女人越來越復沒有回圜轉身的餘地。而對方由於一心忙於工作事業，往往並不能察覺女人迴復迂曲的心思。我有時候不禁痛慨：男人泰半心智複雜、心思單純，而女人往往心思細膩繁複，男女兩性互相吸引，是天性，但男女兩性要談愛情，卻實在彼此不是對手，為什麼？有時候女人心思已經經過九彎十八拐，拐都拐完了，男人不是一直線，就是還在原地踏步呢！女人也許不禁要自問：為這樣的「木頭」，去花費那麼多心思，是否值得？

我們且看李昂怎麼說女主角：「因著少去今生今世在一起的承諾，時間長久後，逐漸尋到出路，要不痛下決心玉石俱焚，遠遠離去；要不就轉化為更深的真情，忍受得了人世間的缺憾，表面上少去風波，內底裡仍然驚濤駭浪。」

爭執難免，而男人不是認為女人不可理喻，就是擺明了：「我就是如此，要嘛你接受，不要嘛你可以走。但是我不會主動趕你走」的態度。

本文的男主角，顯然選取的是後者的態度。

女主角除了離開外，似乎只有「忍、忍、忍」，在這份感情上，她變得毫無可為處，我們不禁要請問：這樣的男女關係，對女人，公平嗎？

探索女性情結

歷來探討男女感情的文章很多，一般說來，女人會「專注」在感情上的原因，不外乎感性、柔細重情、後天習得、文化塑造等。但日本的醫生作家渡邊淳一先生，以他豐富的醫學、心理學知識，在剖析女性生理以至心理的角度上，把女性的情感表現，為我們提供了另一扇可供省思的窗，使我們在男女兩性關係問題上，因此探討到更深入的層面。

在性行為上，因為生理構造的不同，「男性的生殖器有如一根棒子，插入、放射、脫離，是一種放射、外侵而擴散式的過程。而女性的生殖器是一種接受的器官，被充塞漲滿，並貯藏、孕育男性所放射的精液，是一種凝縮、內蘊而集約式的過程。」（渡邊淳一）因為這種先天性的差異，導致男性較主動、較具侵略性、征服慾；女性被動而又較柔順、矜持、嬌羞。這種差異，不太需要文化習得，我們觀察周遭其他動物，亦幾乎如此。此其一。

其二、男女兩性在性行為中得到快感的差異性，照渡邊淳一的說法，是女性呈穩定上昇的局面，也就是說剛開始會有痛苦，以後就「漸入佳境」，而且可以越來越好。而男性則「始終如一」，與同樣的伴侶發生性行為，久之因失去心理生理的「緊張性」而致日漸乏味。男性的快感尤在「征服」「未知」的神秘上。

其三、是我想探討的關鍵：女人在感情上為什麼易於死心眼？（雖不能適用於所有女性，但有它的通性。）

忘我，高潮與愛

女人在性行為中是閉目，自己的所有姿態與表情，在對方眼中，一覽無遺。我想，人一生中除了「死相」最不欲被他人窺見之外（但「死相」如何卻不在每個人自己掌握之中），另外最隱密的一面就是「性行為」了。要願意把自己「交付」到對方面前，並在性行為中完全「忘我」，完全「捨棄自我」，除了愛之外，是要有絕對「信賴」的，而這種因愛產生的生理與心理上的緊張、興奮、嬌羞、揉雜上絕對的信任，成為一種極深的感情，這種安定感與舒適感，撇開生理，單就心理層面，亦甚可觀。如果對方適值自己所愛，當然就一輩子離不開；萬一對方不值，往往會給女性帶來巨大的身心痛苦。

對一些矜持的、保守的、理想主義的、自負的、自戀的女人而言，不是眼光高，就是不輕委身，要想離開原先的男人，不愛就好辦，如果還有感情，女人就容易陷入「進退維谷」的兩難之局。

當然可能有人提出反駁，女人也有在性行為或更換性伴侶上像吃家常便飯一樣容易的，那除了個人價值觀以外，也有些很優秀的女性「社會化」得像男人一樣深，但基本上說來，她們可能「有性而無愛」，不在本文論列範圍。

男女對愛的體認不同

生死的不安是男女都有的，但女人生理上的變化又復比男人複雜太多太多，所以，女人的情緒化與欠缺安全感，普遍說來，要比男人為甚，因此女人更渴望安定感，而這一份渴望，表現在愛情上，可能就是：「你多陪陪我」，好啦，問題來啦，對於喜歡探索未知，喜歡四處奔馳的男人而言，女人的這個要求無異成了一個麻煩或累贅。以是，男女兩性的很多齟齬從此而生，一濃一淡，一細一粗，兩性的差異，何其多！

女人也許很矛盾，既喜歡自己的男人有成就，又希望他多陪在自己身邊，誠如〈貓咪與情人〉裡所說：「這才明瞭到，原先最不曾在意的所謂世俗儀規，比如家庭、妻子的名份、小孩，樣樣才真具備了對恆久的許諾。這些也許在某些方面阻礙了他，使他殘缺，但卻可能如同閹割之於貓咪，方是真正有效的牽繫。」

而這個男人，卻依然不肯許出任何承諾。

到底，愛的內涵是什麼？

愛的內涵

愛絕對是自私的，當有了所愛，「真愛」之後，希望與愛人長相廝守實乃天經地義，人情之常，除非愛念不深，對方的存在可有可無。就此一義來看，〈貓咪與情人〉中男女主角始則互不應許承諾，繼則女主角愈陷愈深，日日渴望見到對方，甚且想要用世俗儀規來「拴住」情人，可見用情日深，顯已動了真情。而男方卻「始終如一」，堅持一開始就未作承諾，而且在吵煩了時寧可表示「要走不走悉聽尊便」，也不肯多作任何修正調適看來，男主角有多少誠心與真愛，實令人懷疑。

人非生而知之者，愛意雖可不學而充具，但愛的行為與技巧卻絕對需要後天一再的省思、學習與改進。依據人類學家與心理學家的研究顯示，人類在進化過程中，本能逐漸喪失，人類在萬物中成了本能最少的動物，「本能最少」的反面當然意謂著可塑性最高，同時也意謂著學習、修養的重要性與可能性，更何況人類是具有高靈性的動物。

人既非生而知之者，當然也就沒有天生完美的人，透過「真愛」，大約可以使我們學會諒解、寬容、忍耐，與拋棄「我執」，避免「自我本位」的任性，並學會發現對方的存在，敬重對方是一個獨立自主，與自己「平等」「對等」的人格，學習溝通的技巧……「真愛」帶給人的愉悅、帶給人平衡穩定的人格，應該不是其他任何事所可成就(除了成就一顆「道心」以外)。

曾昭旭教授在《不要相信愛情》這本書中，把愛的真諦做了很好的闡釋：「人總是願意去愛人的……在所有的人際關係中，我們善意的表達都難免是有遺憾的，不得不有選擇性的。……我們通常都是隨緣地愛人……而真正的愛是不管自己情緒的好壞，對方情況的好壞都愛他、關懷他。夫妻關係提供人生的各種情況，也是你在各種狀況中都無法不面對的，愛是強者的道德，在婚姻中能鍛鍊一個人的人格更堅強，更能無條件地愛人，是人格修養最好的環境。……許多人正是因為連一個人都不能愛，在現實生活中盲目地追求名利權位，妄圖在其中獲得身心的安頓，結果不免陷入無止境的鬥爭、戀棧之中，反而為自己的生命，乃至社會帶來更大的不安。」

曾教授特別強調愛是「強者」的道德，這個「強」，主要是韌性強。他所揭示的，是一個哲學境界，或許不免陳義極高，但是有了這麼一個高標境界，在情愛的道路上，人類的精神領域才有了一個長期切磋精進的方向。照此理一推，結婚（或廝守）不但不是愛情的「墳墓」，反而是愛情的「開始」。

英國哲學家羅素在《婚姻與道德》一書中說的好：「……除非一個人整個的生命、肉體和精神一致地參加性的關係，性的本能是不能完全滿足的。凡不曾經驗過相互快樂的愛情中深邃的親密和真摯的交誼的人，實在是沒有嘗著人生中最優美的滋味。這種人要是心裡不明白感覺這種損失，他們的潛意識裡也會感覺的；結果，他們因為失望的心理，每每發生妒忌、欺壓、與殘酷的行為。所以，社會學家應該相當地重視熱情的愛，因為，假如人們失掉了這種經驗，不但男女都不能盡量地發展，且對其餘的人們，不能發生一種仁愛的熱情，要是沒有這種熱情，人的社會活動是靠得住有害的。」（《婚姻與道德》——〈愛在人生中的地位〉）

愛該是一半或是全部

我們有兩句俗話：「愛只是男人的一半（或部份），而卻是女人的全部。」這兩句話不曉得誤導了多少人，男人說時理直氣壯，甚至神氣活現，女人說時可能就委委屈屈。依我個人的淺見，或者世間男女（情侶或夫婦），都能以「愛」為「依歸」，（不是只有形式的「家」，以家為依歸，對很多人會流於形式，而忽略了他在精神上所該做的努力。）將是最理想的。男人出去馳騁，出去奮鬥，最初始的動機與最終的目的，除了為「自我實現」之外，當然就是為了自己的愛人（包含妻兒子女），但試看「愛是男人的部份」這句話是如何的誤導「大男人」，有些人在競逐名利時，將愛情輕拋，誤以為男人為愛太過分神，是沒出息；也有人在得不到愛時逃避或寄託在工作、事業上；更有人藉「反正男人生命重心不是愛情」來聊以自慰。事實上，我相信，亦如前一再敘述，這些人能有幾個真正平衡的？我們很懷疑。

羅素認為當今以美國為主導的社會價值觀，是不正確的：「一個人不應該讓愛情妨礙他的事業，假如他為愛情而犧牲事業，他是個傻子，這是一般人的意思，而尤以美國為甚。但是此事一如任何事體，所貴在乎平衡。」

照羅素的說法，為事業廢愛情，或為愛情廢事業，都是愚蠢之舉，如何尋求平衡點，就要相當智慧了。

那女人，就該以愛情為生活全部重心了嗎？

女性該有自己的天空

我贊成愛可以是生命的全部重心，但卻不是「生活」的全部重心。

這句話的意思還是：人生應以愛為依歸，無論愛人、愛己都是人生最重要的事。但「生活」中卻應當另有志趣另有寄託，女人一樣需要尋找人生目標，以「實現自我」，女性可以活出自己的一片天，這個「一片天」，甚至還不只是工作或家務——忙先生、孩子——而已，而是足以充實自己心靈的所在。它也許是藝術修養，也許是宗教修為，也許是當義工，也許是研究學問……庶幾不致於把全副精神「計較」對方的表現是否「缺少了一點點」，多一分少一分的，徒然惱人。然後，當二人交集時，享受互補互慰，相愛相依的情趣；不守在一起時，亦能各有各的天空，各有各的投注，互給對方空間與自由，或許是一種較理想的相處模式。

否則，像〈貓咪與情人〉中女主角到後來癡迷到讓自己的時間成為真空狀態，分分秒秒只為等待情人，未免就太沒有「自我」，也活得太辛苦了。

女主角後來想要試著「放放看」，能否拋掉這「一人一貓」帶給她的憂煩，跑到天涯海角去欣賞古蹟名勝：「這一路行來走過人類的七千年日月風雲，走過人類七千年悲歡離合，而衷心懸念的仍只是：回去後，究竟是貓咪不在？還是情人不在？或者貓咪與情人都不在，還是貓咪與情人俱在？」

這「貓咪與情人在不在」的句子，在文中反覆出現四次，作者有意透露出來的訊息是，女主角始終「放不掉」，亦始終反覆矛盾掙扎，照李昂自己在該書《貓咪與情人》——時報出版）序中所說：「在這散文集中，讀者卻可看到我輕快的、抒情的、充滿情愛的心情與寫作……第一篇〈貓咪與情人〉……不是既浪漫且抒情嗎？」作者雖強調輕快、浪漫……等等，依我看，女主角的內心是絕不可能「輕快」得起來的，長時間下去，這份關係如果沒有任何改善，而女主角的「自覺」又始終不減的話，可能只有兩種情況出現：一是女主角用「絕對」的愛來包容對方毫不修正的模式；一是女主角陷入「自虐被虐」式的心態裡獲得快樂。否則，遲早，或將出現「變局」；要不，女主角將痛苦萬分。

男女各調整一步

男女問題自古以來層出不窮，好在現在為這個問題把脈診斷開藥方的文學、心理學、社會學，甚而哲學、醫學等從業人員，多得不勝枚舉。這在一個開放的社會裡，絕對是必要的。相信透過各種有心人士的努力、省思、比較、調適，一段時日以後，男女關係將呈現穩定成熟的新風貌。屆時兩性的徬徨、衝突，都將減少許多許多。

愚見以為：在男女相處的模式上，或許男人要再進一步，女人再略退一步，將會達到較好的平衡吧。

放或不放

——廖輝英《愛與寂寞散步》因何寂寞？

廖輝英女士的長篇小說《愛與寂寞散步》，是一本絕佳力作，她很鮮明的刻劃出一個迭遭情感創痛的女子，在情愛道路上的寂寞與無力感。

引起我探討的動機是：她（女主角李海萍）也曾遇到深愛她的男人，為何終究要孤子一身？是命運？是性格？抑或其他因素？

現代人的情感生活，究竟要何去何從？本書未提出解答，但就都會中人物在情感上可能遭遇的困境，本書取材很具代表性。

她，驚弓之鳥

本書敘述一個女子，前後遇到三個不同類型的男人，過程之中，她的掙扎與奮鬥。

第一個男人是她正式結婚的丈夫趙蘭生，這個「男人」，充其量只能算是一個沒有長大，不懂得愛的大男孩罷了。

在她那個不負責任的丈夫另結新歡、惡意遺棄她之後，帶著滿懷創痛的心，以及兩個稚齡子女，女主角咬牙奮鬥，潔身自愛了兩年，終而遇上事業有成但婚姻不美滿的中年男子劉在倫，劉這個男人愛她體貼她關懷她敬重她，卻在要解決與元配的婚約中，發生傷害女主角心靈極重的意外，李海萍為避免再有糾葛，決意分手。

她生命中第三個男人是一個才子——詩人林浩一，某報社的靈魂人物。這時候的李海萍自也不是早年的吳下阿蒙，幾年的閱歷使她在幹練之外，又多了一份成熟嫵媚，她原本就是美麗的女子。己身的條件使她吸引談愛的對象亦提昇許多，只是料不到的是，結局依然寂寞。

一加一依然是一

筆者在這裡要探討的是她的後兩份感情，因為她嫁的那個丈夫趙蘭生是個不成熟的人，根本不足以諭愛。故而不擬作深究。

她婚姻挫敗後，歷盡千辛萬苦，除了婚姻失敗本身的傷痛外，還要立刻面對謀職的壓力，一個高職學歷，又做了八年家庭主婦的人，與社會現象是很隔膜的。兩個幼兒嗷嗷待哺，極度傷痛時她也曾想到一死了之，但後來念及一雙幼兒及衰邁的母親，終而決定面對現實。

這之間她求職被拒過，拉下臉來擺地攤，貨又被偷，終而在一家快餐店「亦然」找到了她的棲身地——做女服務生。

在「亦然」兩年，她表現可圈可點，一份微薄的薪水要維繫她母子女三人的生活，她省吃儉用，杜絕任何可能造成人際往返的機會，尤其是男女之間，一個人獨來獨往。但在言談舉止之間卻越來越流露一股成熟穩重風韻。下班後除了理家，不斷從報章雜誌吸取新知。終而引起一位常客劉在倫的賞識，把她挖角到他和陳恆夫合開的「人傑」——一家男性俱樂部。

劉在倫從旁觀察了好久，一直壓抑著他對李海萍的一份情感，直到後來，才穩重的展開了攻勢。李海萍對他的印象倒也不惡，二人交往後劉對她極盡體貼設想之能事。及至二人感情穩定後，劉表示要赴美和其分居多年的妻子談判離婚，未料其妻是厲害角色，套出李海萍後居然和劉一起返臺，並趁劉不注意，一個人跑到「人傑」，當眾對李海萍又打又罵，公然羞辱她。

李海萍和劉在倫的感情因此急轉直下，一次挫敗導致二人分手，無論劉在倫如何道歉安慰。李海萍講的關鍵話是：「我不想當第三者，破壞者。」「有緣的話等你解決好了再來找我。」

結果劉在倫一走就沒有再回頭。

我想，我是劉在倫，我也不會回頭的。

女主角是不是破壞者？

這裡我們要探討兩個問題：

其一、李海萍算不算破壞者？所謂破壞者，應該是人家一對夫妻好好的，你明知，卻極盡蠱惑與挑逗、挑撥能事，終而導致對方分手，這可算是破壞者。否則，如果對方夫婦二人早已情不投意不合、感情決裂若劉在倫和其妻者，只差了沒辦手續，李海萍的出現在後，和劉在倫日久生情，終而察覺情投意合，想要解決前一段姻緣，這李海萍算不算「破壞者」，可能有待商榷。

本來筆者寫的一系列探討男女兩性情愛文章，一向針對人與人如何和諧相處，只勸「合」不勸「離」，但這天下真有不和合到必欲「分」之而後快的怨偶，勉強維持「貌合」，甚至貌也不合，只維繫著一個虛有的「名份」，到底有何意義？難道這是道德？恕筆者愚魯，這對當事兩人不但是折磨，甚至是缺德的事！除非——當事人二者還互愛對方，只是一時誤會或某一陣子不對勁。

我們再回頭看劉在倫夫婦，真痛苦的是劉在倫，在外兢兢業業打拼事業，一點一滴建立起一些事業根基，他老婆卻「妻不妻」，任意拿大把鈔票去投資卻一賠幾百萬，而又一而再、再而三。別人勸她還不聽，終而把他夫婦原本就根基薄弱的感情也給葬送了，親友為防她繼續「敗家」，只好把她和孩子送到國外。

這個做妻子的也許不想離，好端端的衣食住行全無憂，先生又是個企業家，在消費上可以供她高品（價）味。可是這個男的呢？他也是一個人啊！

我想，李海萍該跟劉在倫討論的是：劉在倫這個婚姻還有沒有維繫的必要與可能？而不是她是不是「破壞者」。

女主角是否自私？

其二、答案如果是前者——劉在倫的婚姻只有名份而無實質意義，也不快樂，劉在倫想要結束它，將來要面臨的任何困難，李海萍恐亦不當完全置之事外。否則，這一段新感情也沒有任何意義。

以劉在倫對李海萍的體貼及他倆已具的感情基礎，在面臨這樣一個難關時，李海萍正好做一個「支持者」，至少要給男方「精神支持」，怎好撇清到「我不做破壞者，所以等你解決好了再來找我。」感情是互相的，除非女主角甘願扮演一個傳統的「女人只是男人附屬」的角色，「有難時你男人別找我同當」，那這份感情，怎對等得起來？或者說女主角是不是太自私了點？

劉在倫搞清楚女主角不願同擔責任，她的性格絕對「怕麻煩」之後，走了就走了，未再回頭。

我一直想，女主角是「自私」嗎？或真怕麻煩？或怕再受傷害？似乎不像。她上進、能幹、組織女性團體幫離婚女性走出陰影，是一個肯擔當的人，應該是不自私也不怕麻煩的。

那是為了什麼？

我揣想了半天，那是「生命的疲累」。

生命的疲累感

長久的困頓與艱辛，先是求生存後是求上進求突破，已使李海萍累積了足夠飽和的「生命疲累」，一份上進心可以鞭策她不斷的突破超越她自己，但卻無法讓她擔負和她情人共同面對的困難。李海萍在極端困頓煎熬中走出，逐漸琢磨出她高傲卻脆弱的「自尊」，她寧可「清清靜靜、俯仰無愧的過日子」，也「硬氣」的不肯去和「那個女人」搶一個男人。這是她心裡的真正癥結，所以，所有可能來的麻煩和傷害都使她畏懼，和劉在倫在一起的甜蜜，竟就沒有一點誘惑與眷念？

這是不是我們現代人的悲哀？

工商社會，人與人競爭，壓力極大，果如作者所說：「人，誰不是在苦海中且戰且走？」問題是，漫漫一生，我們到底想要什麼？

也許有人會說，李海萍可能並不愛劉在倫。我想，劉在倫對她的吸引力不及詩人林浩一，這個是從作品中可以看出來的，但她和劉在倫在一起也並非不快樂，並非不甜蜜。如果說只想坐享劉在倫已經奮鬥出來的成果並享受他給自己的物質享受與體貼，那李海萍的確也不是那種人，分析已如前述。筆者提到生命的疲累、高傲卻脆弱的自尊，這話怎麼說？

「女強人」背後的脆弱

一個歷盡滄桑力爭上游，在吃盡了苦頭而又能有些成果的人，內心多少是「孤傲」的，他（她）已經長時間習慣「獨力奮鬥」，自尊難免比一般人強。可是，相對的，她慢慢在人際上也就不懂得「要」了。她怕失敗、怕沒面子、怕麻煩、怕露出「弱者」姿態、怕變成依賴對方……也許，她寧可扭頭就走，也不敢去面對所有的這些未知數。

對於李海萍這樣的人，她表現很「堅強」，但卻「堅強」得讓人心疼。也許，她可能不知道，透過她的「要」，透過她的努力，她也可以換來一份幸福啊！可是她沒有，她倔傲的走了，換來的是獨力面對的人生與孤獨。

劉在倫走後，她有沒有一絲絲後悔，我想，多少是有的，這一點，作者曾很含蓄的點到為止：「劉在倫事件過後，她總算明白，像她這樣有過滄桑、帶著孩子的女人，偏偏又有著相當的美貌和準備愛戀的心，她注定會遇到一些不以結婚為目的的愛情。如果她拘泥，不僅婚姻會受阻於這種拘泥，甚至連愛情也將卻步。」「她如今已是個獨立的女人，不結婚，其實並非什麼重要的人生事件；反倒是有人互相愛悅溫存，適時適地的支持一下，才是肯定而重要的。」

所以她又接受了愛情——接納了林浩一。

是愛情或排遣寂寞？

我不以為詩人林浩一給李海萍的是愛情，講難聽了，那只是他為了排遣身心寂寞的一個對象罷了。然而他的情詩卻「一級棒」，但他絕不夠格做一個「理想的」情人，我們且看作者如何描寫林浩一：「不過，她（李海萍）讀過他許多詩作，只有最溫柔最熱情的男人才會寫得出那種字句。雖然曾經有一位詩人的太太向她抱怨，說寫詩的男人，把紙上寫好字句的本事發揮到脣皮上，專向女人進貢惠而不費的口惠，而真心實情沒有兩分。」「他那種才子型的人，習慣唯我獨尊，不可能是好的情人……」「林浩一真的是相當唯我的人，不能說他自私，不過，即使和別人共同生活，他也不會改變生活方式。他是那種非常專注做自己事情的人……很少關顧周遭的人或事……和他相隨的女人，最好能認清他這種『冷漠』而自我排遣，頂理想的還得能幹些，能反過來照顧他的生活。李海萍幸而除了愛悅，再不奢求，這是她在決定要接受他之前，就已自我說服過的。而且，除非他要求，否則她也不會曲意去『照顧』他，以免令他心生恐懼。」

這是什麼愛情？林浩一是一個絕對「自我」的人，他只知道自己需要，自己要求；從不曉得別人也有需要別人也有要求。李海萍居然接受了。

尤其荒謬的是，後來報社發佈林浩一外放美國籌組美洲版，李海萍居然是從報社發佈的消息方得知，而非林浩一親口告訴她。

毫無疑問的，李海萍依然受到傷害——「想到這裡，她十分傷心。她以為他至少在這一點上，會比世俗男子來得瀟灑超脫、率性真誠的。他甚至連說也不敢親自對她說。她不是不能接受的人，但至少希望他能親口告訴她，這是一種尊重，也是一種人情，即使是寫詩的人，也要尊重和人情吧？」「勝負已分，她從容下場，然後回家在自己的陣營裡療傷止痛……彷彿一場夢，夢境繽紛，結尾離奇。然而，依舊是要醒轉……」

我覺得真正精彩的是，林浩一終而還是約了李海萍，他們最後一次咖啡廳約會時，兩人的對話，作者描寫得極傳神。我們看到了林浩一微現的尷尬與歉疚，李海萍的「瀟灑」「堅強」。只是李海萍表面的「瀟灑」透露出什麼？

瀟灑之後的落寞

仍是那一份「孤傲」的自尊：你走吧，我祝福你，沒有你，我一樣可以活得很好。李海萍甚至不願陪他把一杯酒喝光，他們舉杯互祝之後，她只喝了半口，就決定離開，林浩一留她不住，李海萍說：「今天，我們不要終場，也別把酒喝光，你撐不住的（林酒量不好），等一下要自己回家——趁著現在還走得穩時快走吧，一路順風。」

「孤傲的自尊」之後，依然是一份「倔傲的落寞」。全書最後幾句話是：「邁開步子，她決定走回家去，是有點寂寞，可也有許多值得想的事情……人生不是這樣麼？」

人生是怎樣？李海萍又糊裡糊塗、莫名所以的跟別人打了一場「混」仗，竟全不能自已。李海萍瀟灑背後的落寞，讓人心酸。

《愛與寂寞散步》一書封底，有幾行話如此介紹本書：「一個女人，失去婚姻，沒有摯友，在生存和成長的夾縫中，幾度與愛情狹路相逢。書中女主角出入情愛，瀟灑可人，尊嚴自適，當緣盡情了，揮一揮衣袖，帶走回憶，而成熟風格，卻叫對手懷念低迴。本書是廖輝英令兩性著魔的巨著。愛的寂寞、寂寞的愛、愛過之後的寂寞，是現代女性追求愛與成長的刻骨銘心之作，值得咀嚼省思。」

瀟灑不黏不滯的分手，只是風度；可是女主角真的可以當緣盡情了，瀟灑的只「揮一揮衣袖，帶走回憶」，而沒有寂寞與感傷？

放不放得下？

這就是本文所要探討的主題了。

曾昭旭教授在《不要相信愛情》這本書中有篇文章〈論愛情的本質及其實現〉，特別強調「放下」的智慧。本來曾教授在這本書中，精闢的見解極多，筆者個人非常欽仰，但他在這篇文章中所提到的「放下」智慧，筆者揣摩再三，總覺難以苟同。

筆者在此特別引他「放下」精見如下：「我們常聽到，『愛就是只付出，不求回報』，不能期望有一絲一毫的回報，是因為期待對方有回饋時就妨礙了他的自我實現。我們對他所做的一切事情，都在做的時候就完成了它的意義，我們為什麼這樣做？只是因為我們願意這樣做而已，至於對方是否接受我們的善意，他有沒有回應，都完全是他的自由。若他出於自由地回應我們，我們會很高興，但若他沒有回應，我們頂多只能感到遺憾，而不該有任何抱怨，更不能對他做任何指責。……此時最需要充滿耐心地等待對方的反應。但遙遙無期，究竟要等到何時？你可以為自己定個期限，如果過了期限仍沒有回應，就可不必再對他付出，而轉向關懷另一個人。無論如何，不能因為等不到反應而有所抱怨，因為要在付出的那一剎那把付出的放下，而非事後感到煩惱、不合適才放下，這是愛在行動中需要的詭譎智慧，也是愛的實現原理。」

理論是對，境界也高，但在現實人生卻不容易做到。按曾教授的說法是「自己做了就不要期望對方回應」，只適用當事人雙方均有高度自覺與修養時方可，你做了不必提，對方會主動回應，偶不回應，一旦發現就會回應，所以當事人彼此可以甜甜蜜蜜。

但是你想，紅塵凡俗如我等，總有不知不覺後知後覺的時候，而「愛」則是極精微複雜的心理與行為，與其太強調自己修放下的智慧，不如強調當事人雙方共同用心、努力培養一份理想的愛情。放下只能取得當事人單方面的修養，卻未必有助於雙方走出理想和諧的愛情。

你給個期限，等不到回應就換對象；又給期限，等不到再換人，萬一一而再、再而三，一個人能有多大耐力？

就如前面所說李海萍，三度滄桑，固然練就她瀟灑可人的風度，但她能平平靜靜的再一直付出下去嗎？我想難。一種可能是她以後不敢愛了，一種可能是她越來越會保護自己，她也練就一種「收放自如」的工夫，「合則處不合則散」，再不就是：她更不懂得去「要」去「期許」一份幸福了。

保護殼之外，是一份瀟灑與自信，保護殼之內，是一份脆弱的自尊與長久的孤寂。

愛是強者道德

愛是強者道德，在「愛」中我們學會付出、學會關懷、學會尊重、學會體諒、更學會寬容；但在「愛」中，我們也該學會需要、學會期許、學會不以「要」為恥、為弱，我們與所愛者互相尊重互相付出也互相期許互相需索，並以對方的期許與需要（合理的）為榮，以彼此的擔負為樂，我們才可以看到一潭活水，生機暢旺的情愛。彼此努力，互相提昇，把一份「愛」提昇到完善境界。雖然很難，但只有當事人雙方都同心，才有可能。

當然，廖輝英寫此書的主要用意，可能是藉一個失婚的女人，如何由生澀走上成熟，由脆弱走上堅強，強調現代女人生命的多面性，不必只倚靠婚姻與情愛。但卻適度的暴露了當今社會男女情感的另一層面問題；甚至是工商社會下，人的疏離與脆弱，連愛都越來越艱難，值得我們省思。這是一本絕佳的寫實作品，寫到現實的冷酷無奈處，讓人不禁掩卷長嘆。

愛也痛苦，不愛也痛苦

——嚴歌苓〈無非男女〉到底要說什麼？

宇宙亙古荒冷。

肉體的駐生，只是一次偶然的投擲？抑或必然的經歷？自古即為哲學、文學與宗教家們苦心探索。所有生命的到來，無可否認的，都有著它本質上無可移易的孤寂與荒涼感。我們這一生，內心深處，大約只有「愛」，可以撫平熨貼孤寂荒涼落寞所帶來的巨大不安，殆無疑義。

嚴歌苓的〈無非男女〉，是一個取材特殊的故事，很明顯地，她在這麼一個悲劇中，試圖詮釋她對人生的無奈——透過一個身軀嚴重病殘的角色老五，他孤寂而苦力奮鬥的一生，對於愛情的渴欲與茫然、畏怯。

這是一個相當感人的作品，造成感人效果的最大原因，我想除了它特殊的取材與人物造型外，作者形容功能的殊勝，以及主題的耐人尋味和老五際遇上的無奈所帶給人對於人生的省思，在在使人閱讀以後，低迴不已，唏噓慨嘆，掩卷長思。

形容功能殊勝

嚴歌苓在描繪刻劃上，有一種獨到的細膩鮮活，特別擅長細微動作與心態的捕捉，這種才華，絕不多見。她是觀察生活、體驗生活、品味生活的能手高手，這種筆法，就像：那怕只是喝杯白開水，在嚴歌苓筆下，都能喝出它獨特而不為人查覺的味道。她小說中的人物，很鮮活靈敏的去感受生活中隨時的觸發——隨時，任何時候，對任何人、事、物——不只用視覺、不只用聽覺、不只用觸覺、也不只用心靈，而是用包含四肢肉體精神的全部——全部細胞，每一個，細胞。——以至於造成她筆觸之敏銳細膩，予人一種特有的震驚與感動。

這種神力，有若「撒豆成兵」，小說中人物生活的點點滴滴，一切瑣碎煩雜，在她神來之筆的描繪下，竟全然化腐朽為神奇，充滿了靈性與趣味，而形成一種獨特的文字魅力。

又像水銀瀉地，流利充足；或如萬花筒般，變幻莫測。而神的是在她情節細微細密的鋪排中，主脈絡竟不知不覺游走出明顯軌跡，主題鮮活可循，卻又耐人尋味。朱西寧先生在她本屆（第四屆）《中央日報》文學獎得二獎作品〈少女小漁〉的「評審的話」中讚美她：「小說的傳奇與藝術的殊性，作者對此有獨到的突出握力。而在經營與處理來說，作者有玩吊線木偶藝人的才能，亂中有序，一一自在而自如。」又說：「作者的思維深度，情感真摯而敏銳以及營造技巧的或濃或淡莫不相宜，悉稱得天獨厚，大器可期！」誠然不虛。

在取材上，她特別擅長運用「對比」。對比出人們的唏噓，對比出人們的慨嘆，對比出旨趣，也對比出人們心湖的洶湧波濤。是啊！這個世界，如果一無選擇的餘地，一無比較的機會，何來激盪何來震撼又何來生命的火花何來絢爛的讚嘆？無論你是今昔之比、盛衰之比、老少之比、強弱之比或美醜之比、雅俗之比……

人物設計不凡

這個短篇中，出場人物一共六位：蔡曜的父、母、蔡曜、妹妹小品、弟弟老五、以及未婚妻雨川。作者透過雨川第三人稱觀點，特別著意刻劃的是老五和雨川，其次是蔡曜和小品，蔡曜的父母則是陪襯。

先介紹情節上穿針引線的人物雨川，雨川是住到未婚夫蔡曜家去的一個靈慧善良的女孩——

一路進院子，見熟人蔡曜便介紹雨川：「我女朋友。」雨川問過他最喜歡她什麼，他半秒也不猶豫地答：「漂亮啊！」

她感到老五在看她。許多人說她有副完美的側面線條。

小品看著雨川收拾碗筷，目光像個色大膽也大的男人一樣從她臉蕩到她胸，再到她腰。「雨川，真羨慕你——這麼漂亮，心也簡單。」

雨川笑著說：「聽不出你是誇我還是罵我。」

兩個對比的男人

再看老五，這個全文的靈魂人物，作者用了很多文字刻劃，因為他不僅是全文的靈魂人物，更因為他的特殊——一個病殘得隨時可以要命的身軀裡卻裹著狂熱生命動力展現的渴欲，與極強烈極脆弱的生命尊嚴和敏慧善感高雅的藝術心靈，揉雜出複雜矛盾性格的老五。

老五未出場前，作者先製造了一次懸疑——

「直到第四天，雨川還沒見到蔡曜的弟弟。從早晨七點到十一點，每人在上班、出門、坐下來寫作或織毛線之前，都會跑到緊挨廁所的一扇門前，叫兩聲：『老五！老五！』叫的情形彷彿是緊張的，像叫叫看，那人是不是還活著。」

等到老五在雨川的好奇與期盼中出場後，作者這樣描繪他——

「雨川坐在地毯上翻雜誌，某種信號使她眼睛從雜誌上昇起來。她看見個細瘦的男子站在門口，她知道他是誰，卻不能從容大方地叫一聲『老五！』他頭髮很長，曲捲的，百分之二十是白的；額寬大，順臉頰很陡地尖削下來，加上一張很小的，略向裡撮的嘴，他看上去有些女相，在雨川想像中，他與那個被全家吼來吼去的『老五』沒一點是相一致的。」

「老五很慢地往自己屋走，腰部略微向後讓。雨川突然發現高高的老五腰部完全是軟塌塌的，塌矮了他一截。」

這裡需要再介紹蔡曜，這個老五的哥哥，雨川的男朋友，因為作者很有意的把蔡曜和老五作了多次對比，而這種對比在全文中是重要線索，因為它們在雨川心裡，是一種掙扎，而這種對比，不但是情節的必然，也帶來了主題的深度。

如果概括的來說，以外形而論，蔡曜精壯，老五瘦弱；以風格而論，蔡曜勇猛帶點侵略性，老五含蓄、溫柔、退讓；以才性論，蔡曜幹練，老五靈性。

老五的生存苦悶

〈無非男女〉在敘事筆法上是透過雨川之第三人稱觀點，全文主軸是她進入蔡曜家後，所看到老五的最後一段生命。

前面引過老五的心願，在他生前，他所最難為、最渴慾、最痛苦的，就是「男女大慾」。蔡曜曾經說他：「女朋友？那個女人願意跟他有頭沒尾的來一場？要瞞人家吧，也缺德。老實說，老五是很吸引女人的，但他總是一開頭就講實情，女人都實際得很，誰不怕弄個半條命伺候著，死倒也罷了，不死誰禁得住病床邊繞一輩子？他吃、睡，進廁所，全家都憂心。」、「雨川偏過臉，看一眼那根導尿管，心裡詫異，世上竟有人如此平靜地痛苦著；如此麻煩地活著……」

一個二十八歲的男人，如果不是為了那要命的疾病拖垮了他的活力、形軀，正該是生龍活虎的時候。他其他心願都還可以獨力完成，獨獨這情慾問題，它是需要有一個對象寄託傾注宣洩的。然而，他能嗎？

老五的世界，沉默孤獨的時候多，雨川來了以後，才算真正有人開始「正眼」對他，了解他關心他。這麼一個嚴重病殘的人，他本身的生命苦悶已經不得了，更何況老五的性情極度敏銳善感，其內心孤寂可想而知，他渴望一份愛，渴望一個相知相惜的伴侶，渴望一個可以傾注滿腹情慾的對象，是很自然的。人，對於「愛」的渴求，其實是生理加心理的需要，二者融合為一，形成一種巨大的驅迫力，沒有寄託，沒有發散宣洩，不得滿足，會給人一種強烈的不安與不能平衡。

老五死前，在追求「男女大慾」的試探上，發生了兩件大事，一件是他跟蹤一個女孩數次，在游泳池畔經女孩張揚開後，被眾人圍毆，幸雨川及時挺身救駕。另一件是他和雨川日久生情，兩人情不自禁，相約赴會而及時煞車。

照我看來，老五的渴慾加上這樣的挫折，促使他在生命及生命中極重大的「男女大慾」問題上，在孤獨中有了非常透徹的沉思，此沉思非同於一般常人所能感受，卻也適足以彰顯了他個人的無奈與對生命的浩嘆——那就是〈無非男女〉的主題。

主題究有何指

老五最後因一個誤會——家人懷疑他偷錢的誤會——而倔強的離家出走，結果孤獨的、默默的病逝於一家小醫院，在他父親確知消息時，他已去世兩個星期。

我第一次看完全文，唏噓得熱淚直流。〈無非男女〉給我的最大印象與震撼是：愛也痛苦，不愛也痛苦。

我認為嚴歌苓試圖呈現一種「悲智」，「大的悲智」，對所有的生命。

自古及今，男女大慾既是人生擺脫不掉的問題，也是人生頂難處理的課題，人類絕大多數文學藝術作品，為它歌頌、為它哭泣、為它幽怨、為它瘋狂、為它哀嚎、為它沮喪，而真正相知相惜獲得心安理得而又幸福的遇合者，其實是少之又少。

人，有「情」的需要，又有「慾」的誘惑驅迫，真相常是——相守的人不相愛，相愛的人不能相守；或者是逢場作戲後卻產生了真情，而兩情難拋，卻又良心不安，內心煎熬矛盾，忐忑焦慮；甚至是受制於人，欲脫身而不可；還有的是欲得而不可得；或缺乏真情，只耽迷於肉慾；或者相愛卻遭生離死別……試想，所有人世間的是是非非和痛苦折磨，有多少來自「男女大慾」？

為什麼說：愛也痛苦，不愛也痛苦？試看〈無非男女〉中的三個主要人物：老五在所求不可得，極端孤寂苦悶中落寞的隕逝；蔡曜心裡明明有著雨川，卻又和別的女人產生了感情，日久麻木，只有在酒醉後靈光一閃時帶給他一些自責與愧疚，面對著雨川酒後吐真言時夾雜著悔罪認錯的告白，卻無力抉擇；雨川，明明心裡有了老五，老五卻早逝，廝守的蔡曜，卻不再能給她完整而純粹的愛，是一份撕裂了的感情，她在摟著酒後哭泣悔罪的蔡曜時，不自禁的懷念起老五——那個溫柔的、最該得到女人關愛卻孤寂走完一生的可憐的孩子。

「愛」或「不愛」？

所有的錯亂不安痛苦，竟全來自一切錯誤不當的遇合上，而我們人，又無力抗拒「男女大慾」的誘引；或者無法扭轉既成的事實。而生命本質上的孤寂卻又絕對需要「愛」的撫慰撐持，人世，有多少悲歡離合愛恨情仇因它產生？是以，〈無非男女〉既是老五，也是作者對人生無奈的一種「悲情」，更是對人生無奈無力感的宣告與詮釋。

我所以敢大膽的做這樣的揣想，是作者透露出來的玄機——「禍根就是這四個字：無非男女。」也是筆者個人對人生的一種莫可奈何的感觸。

蔡曜和老五同時出現在雨川的生命歷程中，我以為作者的用意有二：

其一、蔡曜和老五是不同的典型，雨川可以愛上蔡曜，也可以愛上老五；正如同蔡曜心裡有雨川，後來心裡卻同時可以有別的女人一樣，是人類感情難以專一純粹的共徵，愛情雖然是自私的，此自私往往只用在規範對方身上，卻擋不住自己喝咖啡之餘又嗜清茶，儘管理性良知道德可以幫忙約束規範，但燕瘦環肥各有態，也各有各的風情，有「情」的人類，很難拒絕吸引，杜絕誘惑。

換言之，人類是情感動物，感情的產生在相互吸引的條件下，常是不知不覺、情不自禁。

其二、嚴歌苓選擇一個病弱傷殘的老五作主要描繪對象，我以為這是她的慈悲——她試圖進入一些不易為常人感知查覺的對象的生命靈魂，去探討他（她）們的生命尊嚴與七情六慾，他們也是人，到底他們怎麼活？怎麼受？怎麼感？有幾多人關心？又有多少文學家、作家注意到了？是以，過往這些在一般文學作品中容易只是「平面刻板」的人物，在嚴歌苓筆下，才真正活了起來，立體了起來，他們也是人，他們也有生命尊嚴，他們也有喜怒哀樂愛憎慾。透過嚴歌苓的筆，老五的一生才真正得到正視與尊重。這種情形，同樣出現在她另一得獎的作品〈少女小漁〉中，那個義大利籍的糟老頭子，在別人眼裡是糟粕是垃圾，在小漁眼裡，他是人，有人與生命的尊嚴，小漁的出現，給了也引出了老頭兒一生最大的尊嚴與價值。

從此理推來，老五不但是人，有他的生命尊嚴，更且，老五是可愛的——是很可以被愛的。

雨川對老五的感情

雨川對老五的感情到底只是同情、是母性的流露抑或是男女之愛？恐怕是見仁見智，易起歧見的問題。我以為雨川完全進入了老五的生命與靈魂，與他同呼吸，見到了他的美好也看到了他的孤寂，她對他的愛是自發的，是情不自禁的，她對他的愛裡揉雜了男女、母性、憐惜、同情、不忍，全都有。同情雖不等於愛，但愛必然包含同情，我們很難作截然的劃分，且引一段嚴歌苓的描述作為佐證。在游泳池畔，雨川挺身從眾人群中救出老五後——

「『你冷，對吧，失了血容易冷。你嘴唇都白了。我這麼暖你，你覺得好些嗎？』」

他『嗯』了一聲。雨川聽出他的自卑和難堪。她用毛巾擦拭他身上殘餘的水珠，心載著那樣多、那樣多的遺憾：他本該是個多美麗多驕傲的男孩。他本該驕傲得不把她放在眼裡。她本該有權力追求他，愛他，那怕愛得無結果，愛得像他一樣短命，若即她不是他血緣兄弟的未婚妻。他本該在女性身上享樂一回，無論它多麼『譬如朝露』地短，這享樂她情願給他，假如他們之間沒有個蔡曜。」

雨川、小漁都是真正善良敏慧的女孩，她們用心、用愛、用生命去體會別人——把那些弱者的生命尊嚴，誘導了出來。

結語

前面〈無非男女〉的詮釋容或太過悲愴無奈，但筆者並無意在此作「離情去智」式的斷言與暗示，雨川、蔡曜和老五的遇合有他們先天上無可避免的缺陷，故而產生啟人深思的悲情，吾人或許可於其中整理出一點智慧——「滿目山河空念遠，落花風雨更傷春，不如憐取眼前人。」至於如何憐取珍惜眼前人，應該是我們大家，要進一步探討的智慧。

嚴歌苓是一個可愛又可敬的女孩，她帶給我們的，是慈悲，與智慧。

替元稹與鶯鶯把脈

——揭開男人理智的面紗

細讀鍾玲女士所寫的〈鶯鶯〉（收錄在《生死冤家》一書——洪範出版），引來我無限的感傷，對比元稹本人原著〈鶯鶯傳〉，反覆揣摩，竟想為自古以來千千萬萬有情卻無緣的男男女女悲悼！悲悼他們相逢相愛卻無法克終的短暫戀情，尤其是那些刻骨銘心卻終而飲恨——因誤解，因兩性差異的誤解而飲恨——的戀情。

唐元稹著〈鶯鶯傳〉，自宋王銍考證該文為元稹自敘傳後，千古以來，元稹只是一面倒的得到「薄倖」、「始亂終棄」、「無情無義」的罵名，尤其他既棄鶯鶯於先，又傳鶯鶯事跡於後，此舉特別不得世人諒解。作者大膽披露鶯鶯事件始末，究竟是為炫耀才學，自命風流？抑或悔罪的自白？甚或報復？成了一個啟人疑竇、引人深思的問題。

筆者以為，若以現代心理學知識分析判斷，元稹悔罪的成份居多，報復的成份大概也不能說沒有。

關鍵點有差異

對比元稹原著與鍾玲改寫之〈鶯鶯〉，發現一件很有趣的事——元稹原著為男性觀點，鍾玲改寫時變成鶯鶯第一人稱的女性觀點，同一個愛情事件，出現兩種導致心理轉折關鍵點不同的「各說各話」，以致給了筆者這個靈感，或許這個對比的旨趣，可以為我們後世讀者，指出一些男女兩性的差異，藉由探討它們，作為我們的省思與戒惕！

a.相同點是——

①男女主角的初夜，男主角意亂情迷中，並未作任何未來長久的承諾與打算。

②元著稱男方老探問女方對這份情的觀感與期望，鶯鶯只以愁容相對。鍾著以深沉的神秘表女方滿腔因疑慮不安而生的怨懟。

b.相異點是——

①元著稱初夜後，元稹十餘日等不到女方消息。鍾著稱女方在初夜之後翹首企盼元稹音訊而不可得。

②元著稱男方赴京後曾有書信與禮物致贈女方，女方卻以「珍重再見」相祝福。鍾著改

作男方赴京後，女方主動去信並寄信物，卻不得回音，在悲痛之餘下嫁他人。

我想，元稹的男方觀點作如上交代，對男方有利；反之，鍾玲的女方觀點，對女方之心態剖析，算得上是入情入理。也就是說，兩種觀點敘述，都強調自己是「受害者」。既都自認是受害者，當然可見彼此對對方都「有情」，而且彼此對對方也都有相當程度的誤解與不諒。

因疑生不安

元著與鍾著同樣表示男方在初夜未提到任何承諾，這是導致女方產生不安與「自獻之羞之責的最大因素。鶯鶯若非娼妓，果如作品所述為富家女、良家女，以當時社會之保守，「自荐枕蓆」當會引來自尊上的難堪，尤其男方並未在事發後作任何承諾。

我想元稹對鶯鶯是有感情的，他是否果如後人所責「始亂之終棄之」，或為「攀龍附鳳」而「妙選高門」，恐怕多半是後人據既產生之事實所作之揣測（因為他終娶出身大家族的韋氏）。就算他果真有「妙選高門」現實上的考量，也並不妨礙他對鶯鶯可有真情的事實。否則他不會在各自婚嫁後仍找機會以「外兄」名義求見鶯鶯，那次的求見，愚意以為是一次關鍵，鶯鶯當時如果肯以「諒解」的姿態出現見他，元稹的〈鶯鶯傳〉也許永不問世，正因為鶯鶯恨、鶯鶯不諒解，並以二詩回絕：「自從消瘦減容光，萬轉千迴懶下床，不為旁人羞不起，為郎憔悴卻羞郎!」「棄置今何道，當時且自親，還將舊時意，憐取眼前人!」鶯鶯的不能平復不能諒解，經由「拒見」與詩意傳達給了元稹，將會加重元稹內心的自責悔咎與不能平衡，而這種愧悔怨嗔所形成的內心強大的不平衡，是他日後創作〈鶯鶯傳〉的原動力，所以愚意以為他寫〈鶯鶯傳〉，作為悔罪自白的成份居多。

這一點，師大楊昌年教授所說甚是：「……愚意以為，這一篇可能是元稹的自白懺悔之作……事業的坎坷使他心力疲瘁，轉思能有溫柔情愛來滋潤慰安。和鶯鶯的那一段情早已成了墜歡難拾的往事，寫出來，一面表示顧此失彼的悔意，另一面是顧此失彼的空寥需要以憶念溫婉來稍作彌補平衡。」(《十二重樓月自明》——〈以人性切剖供文學批評參考〉——漢光出版)。

但是筆者以為，真正刺激他把〈鶯鶯傳〉寫出的關鍵點是鶯鶯對他不諒解，而不是他事業落敗。至於他為何又要寫些什麼「尤物妖孽忍情」等語?我以為如楊教授所說「文過飾非」恐非真正原因，他因負疚而求見而被拒而更不平衡，以致胡說八道「尤物妖孽」等話，應該多少有些報復的快意。

女人專一，男人永久?

徐訏先生曾說：「女人(的愛情)專一而不永久，男人永久而不專一。」記得筆者多年前在拙作〈女人的愛〉中提到這兩句話來印證男女兩性在愛情上的差異，曾引來一些異性朋友的質疑與恐慌：「女人有愛而無情？」「女人真那麼無情？」這個問題可真把我問住了，（我自己是如此，但我絕不認為自己無情。）觀諸周遭現實，或者真人真事，或者文學作品之中，的確見多聽多男女兩性無緣分手後，泰半男人恆久懷念女方，女人卻鮮少為對方魂縈夢牽，尤其這種分手是因誤會造成時。

可能因為女人重情——重感情生活，在情感要求上較高，男人不是事業心重，就是拙於表達，兩性終致誤會隔閡日深後，造成分手局面，一旦分手，女人經過痛苦再跳出，面對另一份感情時，往往能專一面對新對象新愛人，男人則否，縱然再愛新人，舊人仍然常縈心頭。

有個男性朋友說得好：「女人通常先會忍，忍無可忍之後，一旦走了，就真走了。」

從這裡，我想再探討另一個問題，愧悔的，為何以男方居多？也就是本文想探討的主題——揭開男人理智的面紗。

男人「社會化」的包袱既深且重

男人在成長過程中，家庭與社會對他的期望，除了養家活口以外，在社會上與別的男人爭短長，出人頭地，成了數千年以來男人們迢迢遞遞的肩頭重擔，尤其是「將相本無種，男兒當自強」、「行行出狀元」等觀念，更給了男人們向上奮發莫大的誘因與鼓舞，因此，多少時代下來，男人的「社會化」訓練，已經使男人漸漸學會壓抑感情，相對的也越來越拙於表達感情了。

壓抑不等於沒有，拙於表達也並不等於不需要，但是這一抑、一拙之後所呈現的外在風貌，再加上男人多半的時間精力是放在工作事業上的，於是，兩性之間產生了迴不相類、大相逕庭的「談情」模式，不知造成了多少男女兩性的誤解，也不曉得平添多少愛情悲劇。所幸今天，西方研究人類行為心態的分工日細，終而靠心理學家長時間的努力，逐漸把男女兩性的差異，為我們撥雲見日，呈現在世人面前，將越來越有助兩性和諧發展。

男人在社會化過程中，其實只完成了「外在自我」——也就是一個「全我」的一半，半個世界的工程，（當然，女人通常也只完成了一半，「內在自我」）——他們的理性意識雖逐漸成熟，得以面對外在世界的期待與挑戰，可是，當男人符合了社會的期待後，卻未必見得就信心十足，在堅強的外表下，常是一顆荏弱的心靈。以為獨自面對世界是勇敢的，卻不知那是最一戳即見血的弱點。如果有一個相知相愛的伴侶，不但心靈可以得到慰安，他的另一半——「內在自我」，也將會日漸得到成長茁壯，而逐漸發展成一個較完整、較成熟的「全人」

人格。否則，獨自面對外在世界的結果，也許贏得了全世界，卻輸掉了自己整個內在心靈，堅強的外表下，也許是一生永遠揮之不去的「孤獨」、「苦悶」的夢魘。

我想，新的兩性文化是，女人需要了解男人，男人也需要了解女人，兩性相處，互愛的基礎，首先應該建立在互相了解上。唯有奠基在「了解」上的情愛，才可能紮實而久長。這也就是「相知」的可貴。

不可否認的，我們受了太多誤導。在成長過程中，我們互相以自己習知的模式、心態去期待另外一種性別，結果往往導致失望、憤怒與誤解。就拿筆者個人來說，我從小就以為「男人是堅強的」、「男人『應該』是堅強的」，既堅強又體貼——既要堅強到足以抗拒甚或征服外來挑戰，又要能細心體貼——越來越成長，才發覺要期諸受傳統社會文化薰陶的男人，要他「堅強與體貼」兩個質素並存，是多麼不容易的事情，但是好多傳統的故事、小說或童話，卻給了我們太多太多誤導。

坊間有不少介紹兩性的雜書，充斥書肆，我一度受困時，曾經去雜七雜八買來胡吞一番，但總覺不得要領，可見「挑好書」的重要性。那些書，有些根本是就一己主觀胡說八道，有些則只知兩性習見模式之「然」，而不知「所以然」，更不知「所當然」，就做起媒介兩性的導師，殊不知，差以毫釐，謬之千里，其所造成的誤導，將不知幾何矣！

話說回頭，很多男性因為不了解女性，也不知女性打出訊息的真意，往往苦惱萬分，而寧可一頭鑽進工作或事業裡去，以致留下那個哀怨的女人，更加怨懟，而終致分手。分手後女人恨、男人悔，變成了男女感情模式的另一常見通例。如果這個女人在男人心目中的份量夠重，男人往後的一生，不是飽嘗寂寞，就是愧疚悔恨的苦悶時時縈懷，伊人倩影，尤其是在午夜夢迴，輾轉反側之時，或失意落寞，甚或醉酒之際，冷然翻出。回憶，只能靠溫習回憶，是一件多麼淒涼的事！

學會傾聽對方「心聲」

我們都知道，男女兩性相處溝通的重要，但也常有越溝通越糟糕的事情，越急著溝通越促成分手的悲劇。我們有句俗話：「因誤解而結合，因了解而分手。」是很值得商榷的：那個促成分手的「了解」，在雙方都不曾努力或用錯方式下，說不定是更大的「誤解」才對。悲劇已成，分手已成定局，往往事過境遷，若干若干年後，方才發覺對對方的「誤解」，以致懷念悔疚。

我覺得曾昭旭教授對孔子「六十而耳順」這個「耳順」的說法滿好、滿新鮮，把這個說法的精義用在男女兩性的交談上，也許可以解救不少蒼生，挽救不少緣份——他認為孔子直到六十歲，才能聽人之言，知人之意，在對方的言語中找出他的真心真意來，而不致受對方表面言語的炫惑誤導甚至激怒。當然，話說回來，這種功力，談何容易。

若以此說來細究元著〈鶯鶯傳〉，鶯鶯給元稹的長信，表面文意雖若反覆，真心當不難揣測：「……但恨僻陋之人，永以遐棄，命也如此，知復何言……君子有援琴之挑，鄙人無投梭之拒，及荐寢席，義盛意深，愚陋之情，永謂終託。豈期既見君子，而不能定情，致有自獻之羞，不復明侍巾幘，沒身永恨，念嘆何言！……此數物不足見珍，意者欲君子如玉之貞，弊志如環不解，淚痕在竹，愁緒縈絲（以上為鶯鶯贈元稹信物），因物達情，永以為好耳。心邇身遐，拜會無期，幽憤所鍾，千里神合，千萬珍重，……無以鄙為深念。」

真相不難察究，鶯鶯雖似反覆、怨嗔、自責，當然絕對是希望元稹來迎娶她，二人長廝守的。我們不知，元稹是否對這封長信誤解了——妳既道「珍重」，那我就「再見」？

我想，元稹事後對二人分手既成事實是否有愧悔，應可從他自己原著中兩句話看出，他二人各自婚嫁後，元稹去拜訪求見鶯鶯，「求以外兄見，夫語之，而崔終不為出，張怨念之誠，動於顏色……」「怨念之誠，動於顏色」，可以見出元稹對當年輕忽的悔意，才換來鶯鶯勸他，

「還將舊時意，憐取眼前人！」

悔，於事實何補!?徒增心頭咬嚙苦痛罷了！我們一生，不曉得要在無知中「揮霍」掉多少多少可珍惜的緣份，總在事後才驚覺「等閒韶光容易逝，歲月催人老」時，事過境遷，一切俱已太遲。人世間泰半的事，是回不了頭的。回得了頭嗎？

男人啊！理智的男人（們）啊！你的一生，禁受得了多少午夜夢迴啊!?

我們都需要「愛」

最後，我想引一段史提芬・奈斐和格列哥里・史密斯（Steven Naifeh & Gregory White Smith）兩位男性心理學家合著的《男人為什麼不開放》一書中自序部份的警言忠告，用男人的觀點，作為本文的結束——

> 排除恐懼親密心理朝向自由開放感覺的第一步，就是認清「我們需要別人」。封閉男人的宇宙觀完全奠基於男人是而且應該是獨立的這項命題上，也就是說男人應當在沒有人支持，沒有倚賴，沒有愛可以依靠的情況下獨自面對世界。……
>
> 生命中唯一可能真實的秩序或定義只存在人際關係的秩序及意義裡，而我們有這層認識時

卻都來得太遲了。我們之中只有少數人可以贏得諾貝爾獎，在科學上獲得突破的成就，寫出偉大的文學鉅著，創造偉大的藝術精品，破紀錄，或以其他方式騙過必死的命運。而在這個不確定、講求實用的時代，我們之中少而又少的人能夠經驗到可以填補情感空虛的少許實質上的成就。

對我們大多數人而言，生命的全部應是我們所認識特別是我們所愛的人。不能被愛是悲慘的，而不能去愛更是一場大災難。對任何男性或女性而言，失去愛的機會，受陳舊觀念所限而過生活，或因既定角色的限制及無言的恐懼心理而不敢與別人分享真正的情感親密，終將失去人生最大的樂趣，剩下的，只有忍受生命的報償了。

而獲得諾貝爾獎等有特別傑出成就的人，掌聲成就背後就不需要親密溫情了嗎？我想，我敢肯定的答覆：那仍然是絕對需要的。

但願，理智型的男人能把「社會化」的包袱放輕，也享受享受親密的溫暖，到底，真正相知相惜的愛人，永遠只會是助力而不是阻力啊！

再探「女人專一，男人永久」？

前些時日在副刊發表一篇〈替元稹與鶯鶯把脈——揭開男人理智的面紗〉一文，裡面探討到愛情世界裡「女人專一，男人永久」（徐訏名言）的問題，該文主題並不在此。但是，我總覺在那個複雜的問題上，言未盡意，近些時日，閱讀又多，焦點脈絡始漸清晰。

其實，這個問題我反覆思考多年（不刻意），始終難得其解。異性朋友的一句話：「妳們女人有愛而無情？」問得我瞠目結舌，無以為對。按說男女之間雖有生理差異（先天）與社會制約習得的不同（後天），在表情述情上造成極大判分，但心靈的本質上是不應該有多少不同的，何以致於如徐訏先生所說：「女人專一而不永久，男人永久而不專一」？但考證周遭現實，此語似又不誣，女人在感情上易於痛定思痛，一旦了就往往真了了，而男人多半拖拖沓沓，常懷縈思。

「專一」或「永久」，有無遺憾是關鍵

我曾經以自己的遭遇求解，得到的想法是：女人傾向一次付款，而男人習慣分期付款。如今在閱讀不少心理書籍以及數百萬字靈魂學以後，漸漸能夠撥雲見日，方才發覺這「專不專一，永不永久」的問題，與男人女人還較無關係，最重要的關鍵在於：心頭有憾無憾。

再回過頭來看元稹的〈鶯鶯傳〉，元稹因為情感上的不成熟，在鶯鶯的問題上未作妥善處理，日後愧悔而求見，不過是為了求得心理上的平衡罷了，只要鶯鶯諒解他，他心頭因悔咎而來的牽繫將日漸淡去，只除非他後來的婚姻並不幸福。可是鶯鶯不但不見他，甚且更以「自從消瘦減容光，萬轉千迴懶下床，不為旁人羞不起，為郎憔悴卻羞郎！」一詩，強烈的阻斷了元稹求得諒解求得心理平衡的「奢望」，造成元稹心理上這股巨大「苦悶」，必須借助日後創作〈鶯鶯傳〉，方得發紓。亦有相當自譴自責的況味。

現在，我想說的不是元稹，而是鶯鶯。

為了探討鶯鶯的心態，不得不從鍾玲女士寫的〈鶯鶯〉說起，因為鍾玲的〈鶯鶯〉是鶯鶯觀點鶯鶯角度的作品，照作者的意思，鶯鶯後雖改嫁，卻始終對元稹舊情難忘，總是從俏丫頭紅娘那兒斷斷續續的獲得些元稹方面隱隱約約的訊息，鍾玲形容她的感受是苦澀甜蜜兼

而有之，直到聽到元稹的死訊，鶯鶯方才如釋重負，彷彿心頭的那個痂瘢，終於脫落了。問題是：在元稹帶給鶯鶯生命重創之後，鶯鶯如能走出心靈陰影，還有沒有可能再對元稹「情牽一世」？我很懷疑。如鍾玲的說法，很可能只是文人式的浪漫假設罷了。

按說人與人之間（與物之間亦如是）會造成意識的牽引，方可能結緣，而這意識的牽引包含了愛、恨或悔。中國人相信什麼「七世夫妻」，就靈魂學的角度來探討，並非無稽，因為宇宙之間，只有意識的牽引，力量最大，其力量之大，足可穿透生死的界限。如果你不相信輪迴之說，那麼我們把此理展佈在「今生今世」亦可，在今生今世中，什麼人、什麼物，時時令你魂縈夢牽？揮，揮不去；剪，剪不斷，在這種心靈作用下，不是造成矛盾痛苦，就是意欲結緣，一圓思念之夢。

就此理來推，最理想的結合，當然是「情緣俱在」；否則就是「情滅緣絕」，一了百了；最怕的就是「緣盡情未了」，那種愛恨情愁，足以啃噬當事人心靈、折其心志、滅其精誠，在心靈上造成的負面影響，太大太太大。

情緣「已完成」或「未完成」？

問題是，人，都需要生存下去，任何人在心靈上遭遇挫折困頓時，勢必都要尋求合理的抒發與平衡，否則相隨的，永遠是一種不安。因而，任何緣份的開始也好，結束也罷，應該是「水到渠成」，「自然而然」，「瓜熟蒂落」，切忌晴天霹靂式的突作斷絕，不管它是來自主動或被迫。靈魂學上說的很妙：你跟任何人、事、物之間的「緣」，不要在不該斬斷的時候斬斷，因為那種狀況是一種「未完成」，任何「未完成」的「緣」，我們終究要回頭尋求「完成」與「補償」，否則亦將在不久的未來，再遭遇「類似」的人、事、物，讓我們學會處理之道。

為什麼要再回頭尋求「完成」，就我們一般的理解，那就是因為心頭有憾、有悔。元稹再回頭找鶯鶯的心態，我們很可以理解，至於鶯鶯日後對元稹的感受，尤其就長久的心態來說，就很值得揣摩了。

就男女情愛來說，在「不當結束時結束」（包括誤會或被迫），之後處理的「正格」，有「回頭再續前緣」、「無緣再聚卻常縈心頭」或者互相祝福昇華為友誼。「偏格」則充滿了恨、報復心理，有很多人甚至把這股恨意與不平衡轉嫁到下一個交往的對象身上，常見的形態一是純為報復的快意，一是把新對象替代舊對象，以為心理的補償，無論是這兩者中的那一者，都只是因為當事人心理不得平衡，欲求一種抒發管道罷了，只是他（她）抒發的方式錯了，以致可能造成更大的悲劇。所以我們說，在舊創未癒時不要談新感情，是有它的道理的。

另一種理智的了結前緣的方法是：徹底想清楚。徹底想清楚一份情緣的不妥適，或徹底想清楚一份情緣出現在生命旅程的意義，終而了悟了、諒解了、接受了，人也可以心平氣和。當「當事人」徹底想清楚之後，一份「情緣」的結束，方才算是到了「瓜熟蒂落」，之前「生摘瓜」的劇痛，方才得以平撫。這種緣盡緣滅，是一種「智了」，日後心頭對對方將不再有絲毫牽累。

問題是，我們凡人哪！要勘破「情關」，談何容易？常是不理不亂，越理越糟，愛恨交雜，紛佈心緒。

愛情需要「注意力集中」

何以說女人是「專一而不永久」？我且先舉曹又方女士在《寫給永恆的戀人》書中「男人不能愛」的幾句話，曹又方說男人在愛情上（普遍）低能和欠缺，「男性在精神上『分化』得十分厲害，而愛情則是一種注意力集中的表現。」此語不虛。女人在「終於」決定分手之前，通常會發出種種「期待改善現狀」的「預警」，男人因為精神分化的結果，注意力往往不是仍在工作事業上，就是因不知該如何面對感情困擾而故意逃避，拖延的結果，也許造成女性終因「失望」而「絕望」，心理上在長久矛盾之後，達到新的平衡——終而選擇放棄。這種心理狀態的「完成」，是不再會有牽繫的了，所以一旦走了，也就真走了，這是「女人不永久」的真正原因。當然，我願再次重申：專不專一，永不永久的關鍵點是心頭有無憾悔，而不是性別，不信我們揆諸社會，女人負男人之後，男人恨女人悔，男人終而棄絕女人的例子也不是沒有。

所以說，除非鶯鶯也覺得負欠元積，才有可能在心頭上一生一世對他牽牽念念，否則，大半生時空的隔離，再也不相見的情況下，怎麼憑恃那點零零星星的訊息，來填補她的心靈？如果她的心靈空虛的話。所以我說，鍾玲的小說，多半是文人式的浪漫假設罷了。在真實人物身上，心靈的安置問題，遠要嚴肅得多。除非這個女人一直長不大，一直幻想對方忘不了自己（幻想對方忘不了自己往往是自己忘不了對方），或者對方有思念自己的回應。

相較之下，張愛玲女士的〈紅玫瑰與白玫瑰〉，在這方面的處理，就要踏實得多，雖則它較不浪漫。

佟振保愛上好友王士洪的太太王嬌蕊，這個嬌豔的女人先是為好玩，後來付出真情，待和丈夫、情人攤牌的時候，佟振保臨陣脫逃，終做了情場逃兵，而王嬌蕊和丈夫還是離了婚。佟振保亦別娶白玫瑰孟烟鸝，婚後夫妻不睦。若干年後，在公車上巧遇改嫁別人的嬌蕊，嬌蕊和振保說的幾句話，很巧妙的印證了女人的愛情「專一而不永久」，是因為「踏實」，對生命真誠的緣故：「是從你起，我才學會了，怎樣，愛，認真的……愛到底是好的，雖然吃了苦，以後還是要愛的，所以……」

「是的，年紀輕，長得好看的時候，大約無論到社會上去做什麼事，碰到的總是男人。可是到後來，除了男人之外總還有別的……總還有別的……」

這個「不專一卻永久」的佟振保，在遇到「專一卻不永久」的嬌蕊時，幾句對話，給他當頭棒喝，他甚至連難堪與妒忌都成多餘，差的只是當場痛哭。終而夢醒，嬌蕊終究是過去式了。即使如此，這個難堪的打擊，仍使他難以承受，回頭看看那個他不愛的白玫瑰，足使他又荒唐瞎鬧了好一陣子。

布袋戲國寶級大師李天祿至耄耋之年，心頭唯一的憾恨與最大的心願，是要看看當年的情人；十多年前一則轟動社會的社會新聞，男主角在《中國時報》記者的鼎力幫助下，千里迢迢到日本去尋找當年年輕因負氣而帶子女逃回日本的髮妻，幾十年的睽隔，終使男主角吃了閉門羹，女主角只連說：「晚了，太晚了……」說什麼都不肯開門。

慎「始」慎「終」

太多太多的例子，都只提醒我們，處理一份情緣時該有的敬慎，任何情緣，都是揮霍不起的啊！李濤和李艷秋兩人，在夫妻情感的經營上，非常用心，他們把夫妻相處比喻為存款與提款，看你是存款多呢還是提款多，善經營者一定是存款多，存款多者自然感情穩固，偶爾提款，不致壞了根基，否則老提款而不大存款，這份感情遲早是要完蛋的。

等悔了再回頭找？能回得了頭的緣份都還算是「善緣」呢！否則，今生今世的「未完成」，今生今世做不完的功課，再帶到下一輩子去結緣，雖說增加了好多「文學性」、「戲劇性」，於真實人生而言，到底是憾恨太大了些吧!?

激情與真情

——評李昂〈假面〉

激情的種籽

我想，每一個人的內心，應該都蘊藏著激情的種籽。此一種籽，當遇到互相吸引的對象時，若果又配合上相宜的時間、空間，猶如植物生長所需之陽光、土壤、水份……等等條件，它將燦然煥發，激迸出絢爛的火花，照映二人孤寂的心靈，互相激盪，無法自已。

換言之，「激情」是一個人和另外一個人身心「深度契合」的「渴盼」，當「觸動」啟發後，迸射出的生命相激的電光石火，光芒耀眼，熱度炙人，它可能足以影響當事人的一生。

如若始終不遇，這種虛欠，也許被忙碌壓抑，有人察知，有人不覺，卻終究是心靈隱藏的苦悶與缺憾。

如果以「激情」與「遇合」此一角度來檢視李昂的短篇小說〈假面〉，無疑的，這是一部心理層面相當深入細膩真實的作品，多少曾經年輕，曾經激情的男男女女，即使再怎麼事過情遷，在閱讀它時，想必仍將為它深深震撼，甚或心旌搖盪。

當前小說作品中，對於男女愛情心理刻劃之深之細，其迂曲轉折，恐怕難找出第二篇來。《假面》以女性第一人稱觀點為主軸，雙線進行敘事，剖情雖坦露，卻實實在在的刻劃出了一個女人，在遇到令自己深愛的男人時，那種如觸電般的戰慄與狂激。

小說技巧

《假面》敘事觀點是雙線進行，它以女主角寫給男主角的一封長信作主線，貫穿首尾，用回憶的筆法把女主角如何愛上男主角，又如何走上背離她丈夫的內外歷程，做了詳細交代。支線穿插在長信之間，從支線的陪襯，讓我們了解了女主角的現況——她終於選擇離婚，並走上寫作一途，而且專門處理男女愛情小說題材；並從女讀者來函中，又旁襯出另外不同類型的愛情故事。

這樣的結構法在小說中並不多，它掌握到精簡與張力的效果。尤其值得稱道的是李昂對女性「激情」的描繪，可真是做到了陶明俊所謂好寫作者的條件：「人人心中所有，人人筆下所無。」那些曾經鼎沸你我心頭的情愫，總在激情過後因退溫退潮而徒留流漾餘波，再要以筆墨來精確或入骨掌握那一份狂激，並不太容易。而李昂是做到了。

其次是女主角的心路歷程，以及男主角的性格，作者都作了非常精微的觀察與描繪，稱得上是細膩深刻的作品。有關這些層面，本文將依次剖析。

一個生活「幸福」，日子平靜的女子，是什麼因素，促成她移情別戀？女主角並不是一個叛逆性強的人，甚至於，她算得上是一個較典型、傳統的規規矩矩的女人，是什麼樣的事件使她敢於背離早已習慣的生活軌道？放棄既得的安定？

王子與公主結婚以後

我們看李昂怎麼描繪女主角和她的丈夫——「我們也許還真是郎才女貌，你或還記得我的丈夫，在大學時代，即以外貌清俊在你們的朋友圈中常被取笑——笑他的靦腆不敢追逐女性。而我，從小時候起，我的美麗、功課，也從來不曾令人失望。」「相親初見面後，我們彼此即有好感，順利的交往中，雙方相稱的條件更及時促成了我們的婚姻。他在拿得碩士學位後立即進入一家美商在臺公司；在試穿我的結婚禮服時，我的女伴說我的故事只發生在童話，因為一切俱是如此圓滿無缺。」「——而王子與公主，從此過著幸福的日子，直到永遠永遠。」

據作者描寫，女主角是一個端莊、美麗，生活平靜平實而規律的人，任教於市郊的高中，他們夫婦的生活與感情，在一般人眼中，是好得「令人稱羨」的。女主角不是那種情感上放蕩或易於見異思遷的人，何以會產生「外遇」，甚至讓這一次的情感走私，先「偏離」既而「顛覆」了自己原先的生命軌道？是一個足以讓人深思的問題。

看來，毛病就出在她那「好得令人稱羨的婚姻生活上」，它好到平平順順、平順到近乎平淡，甚至貧乏的地步。夫婦二人兢兢業業，日子甚少變化，努力積蓄，讓小車換大車，小房子換大房子，銀行存款增加，結果女主角說她「十幾年來，……除此外，當我回顧過往的生活，竟似也無甚可記憶。」

一份激情，凸顯生命虛欠

女主角的丈夫和男主角，是截然不同的兩種類型，前者不斷的有人生目標，尤其是代表社會地位與財富的目標，日積月累，按部就班，拾級而上，甚至到了汲汲營營的地步。後者則亦努力工作，亦享受人生，生活之中充滿情趣。前者生活機械少趣，後者生活浪漫富有變化；前者生活「沒有自己」，後者很清楚「自己要什麼」。

以一般標準來說，女主角的丈夫自然是一個很不壞的人，除了缺少情趣以外，他兢兢業業，不吃喝嫖賭，無不良嗜好，對愛情執一，全心全力投入工作，並「日起有功」，他給妻兒一個不虞匱乏的物質環境，自己無怨無悔……這樣的丈夫還要再有什麼挑剔，的確也有些不公平。

然而，世上的人，到底類型不一，偏巧女主角遇上的這個男主角，是一個與她丈夫南轅北轍的類型，他浪漫、多情、有才、體貼、重享受、富情趣、生活多采……這些，全是女主角的丈夫所不具備的，這種對比，將會在一向「平靜無波」的女主角心湖，投下怎樣激盪的漣漪？

我們且來看看作者如何描述男主角，「我於是知道了許多年前，在我的婚禮中，何以會收到一套來自Tiffany如此貴重的銀器。那該是你一貫的作法，為了眼前的一點光芒輝耀，為了平常生活中小小美麗的事物，你從來不曾吝惜。」

「就如同那幾天我到北國旅遊，只為著我是你的合夥人的太太，你即能放下手邊的工作，專注的陪我玩幾天，你可能已到過數次的旅遊地區。你懂得叫最好的酒、Cheese、餐點，卻也會帶著我坐在路旁吃漢堡。」

「G・L，你的生活對我來說是怎樣充滿了歡悅與悸動！特別是當時我一個人在國外，遠離了家、工作，遠離了所有的約束，我曾怎樣私心羨豔著你的生活。是你使得我對過往的生活感覺愧欠，是的，G．L，我開始感到愧欠……」

作者尤其「有意」的一段描寫，很強烈的凸顯了男主角的人生哲學與他的與眾不同：「不，我一點不擔心，或許是這裡的社會福利作得太好了，我不必怕老後窮、病，連住的地方都沒有。即使沒有社會福利，妳有沒有想過，為了五十五歲後的退休金養老，妳事實上賠進生命中最光輝燦爛的二十年——從二十五歲到四十五歲。妳每天按部就班的工作，只為老後一點可憐的所謂保障，可是妳犧牲掉的卻是生命中最光輝燦爛的二十年！」

兩種性格，兩樣人生

這一段話，我以為，極可能是作者自己對人生的質疑：藉不同典型的兩個男人，對比出兩種不同的人生見解與態度，究竟孰優孰劣？孰對孰錯？也許見仁見智，也許它引出了我們千千萬萬讀者心頭難以取捨的矛盾，也許它永遠沒有什麼好壞對錯之別……但是，女主角的一生，卻產生了驚天動地的蛻變。

我總覺得，女主角的丈夫的現實主義，使他的心靈盲目而粗疏；而她的情人，則因太過理智與冷靜，又活得十分孤寂，雖則他的生活，表面看來光鮮多采。（有關情人部份，容後再論。）

也許，我該引用林語堂先生在《生活的藝術》裡所說的話，正好給現實主義者一個最好的詮釋與批判：「……哲學家與徹底的現實主義者的觀念完全相反，後者熙來攘往忙碌終日，以為他的成敗贏虧，完全是絕對的、真實的。這種人真是無藥可救，他連一些懷疑的念頭也沒有，所以不能得到一個起點。」（〈誰最會享受人生〉）

女主角在沒有比較的情況，一向認為她的世界「具足圓滿」，包括她的感情、她的婚姻生活——她和丈夫的戀愛，是初戀。——及至遇到男主角變化多采的人生態度與生活方式，方才凸顯出她過往生命的虛欠，與生活的貧瘠，她曾經非常感慨的說：「男人是這樣的經不起比較。」（李昂在原文中此語是針對雙方「性生活」而言，但我以為毋寧把它擴大為整個人全體，或許更好。）

沒有交感的生命

前面曾說，「激情」是一種身心深度契合的渴盼，「真情」則是深度契合後的成果。換言之，「激情」是一種如火如荼的熱烈相愛，而女主角和她丈夫的這一份愛情，卻實在愛得太平淡了些，從一開始，二人相親彼此中意，是「為結婚而結婚」，至婚後丈夫一心工作事業，二人之間甚至連「性」都成了例行公事。一份感情，當到了「各是其是，各非其非」時，相處縱然再理智再平順，到底是缺乏心靈交融的。這種愛情的內涵，不但貧瘠蒼白，它尤其缺乏「長相廝守」的「固著」定力。沒有外在誘因或許還能太平一世，但是當外在誘因出現時，道德良知的力量往往難以抵擋情愛需求的驅迫，以致產生變異的例子，太多太多。

筆者無意在此煽情，強調情感外遇或變遷的合情合理，而是想藉小說作品來探討缺乏生命交感，心靈交融的情感，是多麼的平淺淡漠，其脆弱可能不堪外界的任何風雨摧折或挑逗誘引，因為唯有彼此心靈的契合與了解，才是人生道上平順時相愛相依，坎坷失意時互扶互持互相體諒的最佳情感磐石，否則，人生一世，雖說短暫，漫漫數十年的婚姻生活，要它幸福美滿，彼此「從一而終」，也似乎並不是容易的事。

當然，「激情」並不等於「真情」，有「激情」也未必走上「真情」的路子。但是若在「激情」之初，彼此互相吸引的條件下，雙方若能妥善處理，好好珍攝這株「愛苗」，它是有可能成長起來而不至於中途夭折的。哥倫比亞大學精神病學教授喬瑟夫・偉柏斯曾說：「最成功的婚姻是那些夫婦成為最好的朋友的婚姻——他們始於性吸引，但終於友誼。」性吸引是促成激情的先決條件。我們遇到彼此強烈吸引的伴侶，事實上是渴望身心都達到深度契合的。問題是：身體要契合容易，心靈要契合尤其要深度契合，就不容易了，它往往受限於雙方性格差異與價值觀等等主觀因素，以至於很多愛侶在幾度春風後，竟爾走上分手或疏離的路子，甚至懷疑先前的「激情」是一種「錯愛」。我想，絕大多數還是心靈溝通管道出了問題。

假面，「假」在那裡？

那麼，一開始就沒有「激情」的例子呢？比如〈假面〉裡的女主角和她的丈夫，似乎全然在「理智」的運作下去完成人生的功課：該結婚了就去相親，該生小孩了，該存錢買車，該買房子……一切俱是那麼「理」所當然，他們之間不但一開始就少了一份「激情」的吸引，這份感情自始毋寧更像「友誼」，只是多了一份「婚姻契約書」律法的保障罷了，表面寧靜無波，內裡一樣乏善可陳，二人只是「婚姻合約書」下的合夥人罷了。這樣的關係，難怪要禁不住外界的眩惑。

我們知道，〈假面〉暴露了婚姻生活的大危機，一對人人稱羨、看來幸福美滿的夫妻，其關係竟爾如此脆弱——感情變異的可能性，給了我們如此的震驚。誠如作者描寫女主角在第一次「出軌」之後半夜回到床上，她的心態與意念：「倦累中我呼吸著身上仍存有的你的氣息，沉沉睡去，沒有任何一絲罪責或羞慚曾來到我的心中，而我的丈夫就睡在伸手可及處的同一張床上。」「我第一次意識到女性在深心處有的可怖心懷。」

我想，女主角所以在出軌後只有喜悅而沒有罪責，最主要的原因也就是：這個長期貧瘠的相處模式，她丈夫早就不在她的「心」裡了，即使有，份量也極輕。否則，對任何生命交感的愛侶或夫婦而言，其心靈因飽足而愉悅，外在的誘因，將根本不構成威脅，即使有，也容易克服。

這就是〈假面〉題意的根結吧！一對人人稱羨幸福美滿的夫妻，他們關係的韌帶竟如此脆弱，內裡的貧瘠與表象所謂的幸福絕不相類。這一層，甚至連女主角自己，都要感到訝異。

男主角（情人）的性格

至於女主角深愛上的情人，又是個什麼樣的人呢？有關這一點，李昂做了合情合理的安排與描繪。他是一個努力工作之餘重視享受的人，他是一個懂得用名牌懂得消費的人，他是一個絕不肯為二十年後的生活保障而犧牲現在的人，他是一個不對任何心愛的女人做承諾的人，他是一個不結婚的男人……

基本上說，情人是一個饒富情趣又變化多采的人，比起女主角那只知埋首工作，生活一成不變的丈夫來說，他的確深具魅力，尤其他那「該放即放，該收即收」的談情模式，對於已經深陷的女人而言，可能極具「神秘」的蠱惑。

大部份的人對於一份非常在意而又「患得患失」的愛情，心靈上都會陷入一種「放心不下」的懸念，而這種懸念因為「思維」、「想念」的反覆，往往更加深情愛在心版上的刻度，很莫名其妙的愈陷（刻）愈深。以這一層面來看，男主角不但是箇中高手，而且可能更因此而深添許多人所謂的「男性魅力」。女主角一開始是一份激情，緊接著即陷入「患得患失」的懸念。再以之相對男主角，這個男人，顯然太瀟灑了。

我們且看李昂怎麼描寫，男主角最傷女主角心的一段對白——

「我想問一個你一定以為愚蠢的問題，而且你不要生氣。」想到不久後你將遠去，我幾分女性固執的問：「在你不斷有的女朋友中，你最愛誰？」

你呵呵的、低低的笑了起來。

「我可以告訴妳我最愛妳，一定會讓妳十分快樂。」你的神情回復了幾許淡漠。「事實上我都愛她們，才會同她們在一起吧！老天，談那麼多戀愛，我有時候也很難特別想到愛。就像一種，一種……」你努力搜尋字眼。「一種習慣，是的，習慣。戀愛有時候就像性愛，是一種需要，一種，一種習慣的需要。」

你原重複著「習慣的需要」幾個字，我的神色一定十分黯然，你緊緊執握住我的手，真誠的說：

「我不想欺騙妳，所以才告訴妳實話。可是，不要管我，想想妳這段時間有的。我沒有其他女朋友，不是嗎？我和妳在一起，不曾搞到妳要同丈夫離婚，時間也沒有長到妳要開始覺得不甘心。那麼，試著把這段時間當一個生命中的經驗，不是很好嗎？」

我點點頭，卻揮除不去心中的悵然。……

在他的熱情，在他的談情魅力與性愛技巧之後，他自己竟承認只是一種「習慣的需要」，我們即可知道，男主角對一份「情」，是多麼的「淺嘗即止」，是多麼的「沒有投入」，也難怪，這樣的「情」，他是可以那麼輕易的說「放」就「放」了，全然不管對方為情執著的死去活來。甚至於，逼急了，他寧可逃避，也不肯正面面對這份感情。

也就是說，〈假面〉的男主角徒具「愛的技巧」，卻不懂愛，也沒有愛。這一點，李昂對他的性格背景是做過一番合情合理交代的：「你說你原生在江南，生在繁花如錦、有小橋流水的住家，因著戰亂，舉家遷往北國，而你的父親，又為著對那溫暖家園的懷念，從小將你送回臺灣受教育。在僑大先修班、在大學四年中，你在陽光終日的南方島嶼中尋求家與認同，可是換取的只有更深一層的流浪。」

「漂泊無依」，一種漂泊的日子，練就了男主角不羈的性格，彷彿到處都是可供埋骨的好青山，也處處無家處處家，他從不覺得他有必要為某種特定原因而受「拘執」，尤其不覺得他需要對一份感情、一個女人、一個家投注負責。這是他不肯做承諾的性格原因。當然，如果以心理學層面來做探討，他是否並沒有感情融洽的父母，或者沒有得到足夠的母愛，以致造成他日後「不能愛」也「不敢愛」的性格，我們無從知悉，因為原著中未就這一層再作深入描繪。

所以，表面男主角在情場上「戰果輝煌」，可是細究起來，他依然只是情場的「流浪兒」罷了，他物色對象，然後奉獻「愛的技巧」，究其實，卻只為滿足自己「習慣的需要」。一旦對方要自己負責，也就是他「三十六計走為上策」的遁走時機。

真情需要擔負

一份真情，是需要擔負的，沒有擔負的感情，很容易流於形軀相合的「形式」，一旦需求已畢，或者另有誘惑出現，很可能就「揮揮衣袖，不帶走一片雲彩」的另作「趨就」，所謂「有奶便是娘」，對男、女其實是一樣的，不能相知、不能交感，不能樂於彼此扶持、互相擔負的感情，如何深的起來？

如果說只為想給對方一段「性愛」，享受一種「不一樣的性愛」，而讓對方永銘心懷，這種心態，毋寧說是自私的，就像男主角告訴女主角的：「……可是，不要管我，想想妳這段時間有的。……試著把這段時間當一個生命中的經驗，不是很好嗎？」如果說雙方竭心盡力，為「長相廝守」已經盡了最大努力，卻仍受限於命運的撥弄，而不得廝守，彼此當互相諒解與釋懷，把曾有的一段當作「生命中的經驗」，永遠珍藏心版。否則，如果像男主角一樣，只為性格如此，吹緺別人一池春水後，自己甘作情場逃兵，就根本是不負責任了。

女主角在長信中，即使最後內心已平靜，卻依然流露幽怨：「我自然十分願意如你所說，我們在一起的這段時間，當成一個生命中的經驗。可是，G．L，請讓我說一句真正出自一個女子深心的話：如果可能，我多願意這一切並非只是生命中的一個經歷，而在背叛我的丈夫後，我即能在你的身上找到依歸；我承認我不能理解你在情感上的流浪，對婚姻的無從認可，我只是很女性本能的，要求也希望，我的愛能得到此生此世長相屬的回報。」「往後我是否會後悔，我同我丈夫之間將如何，我自身是否會有所改變，我都不知道。」

李昂在信末，為女主角日後的抉擇——離婚——預作了伏筆：「而回復到最簡單的自身，摒除掉許多不再必要的外在因素，學習如何為自己所作的肩負起責任，更重要的是，懷帶著對你不變的愛，我希望，我能維持平和的心境，將許多事情看清，並為自己找到一條該走的路。」

女主角終爾選擇離婚，是真正的面對了自己。如果她還始終對男主角一心一意而毫無愧悔，那就不免太「癡」。否則，筆者寧可解釋，在男主角跟她分手，而她又跟丈夫離婚之後，她終而找到了自己，走自己的路子，而不去「依附」任何男人。

作者在旁線的描述上，讓我們見到女主角的黯然神傷，那是一段航空郵簡上的「告白」：「雖然只期望能有一點真情，於今終要知曉，一個受過太多創傷的愛情，怎樣難以為續，特別是，一個一開始就知道不可能的情感。」作者描述女主角任由簌簌滴落的淚水蔭灘了郵簡上的字跡，使我們知悉，無論如何，那一段曾帶給她最大歡樂的愛情，已然使她陷入無窮悵惘神傷。一切俱往，思又如何？

那麼，男主角又會快樂嗎？他游走在不同的女伴、不同的床第間，「享受」著他單身貴族的不婚主義，跟每個女人來上一段後就戛然而止，這種漂泊，從另一角度來看，又何嘗不是習慣性的逃避？（或者說習慣性的不投入）不敢對一份感情負責到底，難道他自己就快樂嗎？

我想他是落寞的。

作者不止一次強調了他這種眼神：「你那般清寂的眼神的確使我感到不同，最始初我以為因著與你不熟……」「在過了最始初的隔絕冷肅，在小小的酒館的淺酌後，你抑鬱的眉眼望著手中持握的酒杯，開始絮絮、片斷的述說……」「而酒館裡是溫暖的寂寞。你微低下頭的臉面在酒的作用下神情微現恍惚……」「想到回去得面對的每天每日，幾許悵然中，我沒什麼困難的同你談及這幾天我對過往生活的重新體認。你看我一眼，眼中閃現過一霎輝耀，卻苦苦的、低低的笑了起來。」「我一再堅持的拒絕與拿開你在我身上的手，終使你不再向我糾纏，你坐起來，開始喝茶，眼中回復慣有的清冷眼神……」「……G．L，我永遠忘不了那片刻中顯現你臉面上的神情，先是一種極力隱藏的輕視與嘲諷，然後轉為極端冷淡，雖然你儘量使語氣平和……」

一般世俗按部就班的生活，他不樂意，也不屑，但他自己選擇漂泊似的生活，又使他落寞、無依、蒼涼，我想，男主角表面多采的生活下，應該是一顆霉黯脆弱的心靈，只是，連他自己都不自覺或不知該怎麼去面對他的人生吧？

一份真情，需要擔負，在相互承荷扶持之中，也就分享了最大的甜蜜，此所以正常的人，永不厭倦親密的最大原因。男主角卻把這一份人生至樂率爾輕拋，即令不全拋也只是「淺嘗」與人的親密，莫怪他的心靈空茫的厲害。作者很傳神的從眼神中刻劃出他內心的抑鬱。

蠟炬成灰

有關李昂描寫女人對激情的體認，有一些非常精彩入骨處，此處不擬細引，只以兩段前樂後苦的對比為代表——

「剛開始與你有密切的關聯，我曾享有怎樣無盡的歡愉，G．L，結婚十多年，是經由你身上，我才知曉，那激切的熱情可以帶來如此幸福，以及，從一個年輕男人身上，可以獲取怎樣的快樂。」「我先是感到一種醒覺，彷彿從蟄伏中整個人霎時間甦醒，重又活轉過來；然後是一種甜蜜的沉淪，是的，G．L，的確是沉淪，沉陷在一張巨大無邊的黑色網脈中，整個人輕忽的往下掉，全然沒有壓力與重力感覺，只是一種全身舒泰的降服，任由自己往下陷溺，而迎呈的，永遠是溫暖、柔膩的網脈。重重的圈圍過來，無法也不想掙扎，只任自己再繼續沉陷，沉入最深的底層。」

「卻是由你身上，G．L，我經歷到了最深切的激情，以及，急遽的冷淡與轉變，並且難以挽回……我有的只是一片茫亂，我無心作任何事情，並開始急遽的消瘦下去，心神恍惚中經常一坐一整個下午，心裡只是一片紊亂思緒，夾雜著對你無盡的思念。我感到自己恍若陷在一片黑暗中，無從控制己身並全然無法掙脫，四周還是無盡的空茫，無有邊際無從依附。」「因而當臨近舊曆年，你告訴我即將回轉北國，不只是回去過年，而就此不再回來。G．L，我先感到的是一陣走到終點盡處的釋然，然後，才是即將與你分離的刺心傷痛與驚悸，眼淚不覺簌簌湧流……」「特別是最近以來，我開始與丈夫有了劇烈的爭吵。似乎在得知你將離去後，我的耐心全數瓦解，我會為任何一點小事，不能控制自己的與他發生爭執，每回總盡力哭鬧到筋疲力盡，心中有的卻只是一片空無……」

所以引這兩大段對比，亦正可以看出，感情的「不可逆」性，女主角在經歷了深切的激情，先是察覺過往生命的虛欠，接著是對以往生活方式包括夫妻感情內涵的質疑與決意割捨。男主角離她而去，她並未作撲火飛蛾，一蹶不起，反在極端傷痛中痛定思痛，決心勇敢的面對自己的人生。火鳳凰終在浴火之後得到重生，算是不失為現代女性的覺醒，也看出女主角對自己行為負責的勇氣。否則縱然再退回丈夫的庇蔭之下，終將難逃自己良心的疚責。這種抉擇雖然痛苦，但卻活得坦蕩磊落。

再對比李昂在旁線中交代的那一位女子的「濫交濫情」，靈魂上的清濁，簡直不可以道里計！

《解讀男人》

——一本寫給女人的親密書

看過不少有關男女的書籍以後，我承認，經由這本書——《男人為什麼不開放》（遠流出版）——我才真正更加透澈的認識這個地球上的另一半——男人。

坦白說，這本書帶給我相當大的感動，這本經由兩位男性心理學家合著——史提芬・奈斐和格列哥里・史密斯（Steven Naifeh & Gregory White Smith）——的心理學專著，透過男性本身內在深刻的自覺與反省，發出要同性醒覺，請異性了解的呼籲，這種呼喚深沉懇切而感人，頭一次，讓我了解到，男人是這麼感性的，感性的這麼可愛。透過這本書對男人何以不能開放自己的層層剖析，我想，女性漸漸將能「解讀」男人，也能「諒解」男人以前許多讓女人無法了解的行為或性格了。

這個世界，充滿兩性彼此期待卻又失望、絕望的危機，無可否認的，另一個性別對我們而言，的確是一個「陌生的族群」，這是今日離婚率高漲的重大原因，「在《醫學觀點論人類兩性》(*Medical Aspects of Human Sexuality*)一書中，四百位精神病權威被問到婚姻所以失敗的原因，其中百分之四十五的人答覆說，在美國離婚的首要原因是丈夫無法溝通其感覺。只有百分之九的人歸咎性無能。密契爾・馬克吉爾博士(Dr. Michael Mcgill)曾對一千人展開調查，發現女人最希望改變的是男人能夠談他們的感覺，而男人最希望改變的是不需談就能為人所了解。」(第一章——〈女人需要什麼?〉)

男人喜歡「解語花」？

這很有趣，男人希望不需交談就能為人了解，難怪向來「解語花」是可人的也是珍貴的，然而自古以來到底出了多少「解語花」?而且要做「解語花」除了主觀上的聰慧、婉順外，客觀上的條件是要有相當空閒才行的，為什麼?因為有足夠的空閒，才能有充份的時間精神去分析解讀揣測男人的每一個感受每一句話的涵義啊!以現今女人普遍受過中、高等教育，內外忙碌的情形來看，女人要「解語」，再要用古時候的那一套方法，不但不可能而且不經濟，還是要請男人學會直接溝通才好。

當然這個請求普遍使男人厭煩，尤其是對那些不善於剖露自己感受的男人而言，喜歡異性是天性，但真正和異性交往後，很多男人卻有「女人真是麻煩的東西！」的感覺，「由於女人一再索求坦誠開放，交換情感上的意見，令有些男人覺得飽受威脅，大惑不解，甚至有被侵犯的感覺。」（同前，第一章）

到底現在時代不同了，男人因襲幾千年的「社會化」「塑型」，至今沒有明顯改變，不但沒有明顯改變，甚且根深柢固，而在這同時，近一兩百年來，女人卻在教育中解放了，以前的女人，只被要求婉順，在一個家庭中，往往唯「夫首是瞻」，她不了解男人，或男人不了解她，都被認為理所當然。想想我們的祖宗，在漫漫長夜中相處了幾千幾萬年，那種兩性懵懂的愛，是否更具有一份朦朧美，我想，我無從得知，亦無法體會。

嫁個有感覺的男人真好！

假如我沒有記錯的話，幾個月前有個知名度很高的女藝人結婚，捨萬貫家財夫婿不要，而選了一個受薪（階級）卻上進體貼的「窮小子」，結婚隔天，報紙影藝版上以大字標題說「嫁個有感覺的男人真好！」我想這是她的由衷之言，也是現代女性覺醒的最佳典範。

然而，舉世滔滔，要找「有感覺的男人」，卻並不容易。在這一點上，女人很容易對男人產生誤解：「你不需要感情、親密或你根本沒有什麼感覺？」是這樣子的嗎？在這一本書中，我們可以找到最好的答案。

人，就是人，男人也是人，他怎麼會不需要感情的滋潤慰安呢？只是男人不擅於表達或不認為有表達的需要罷了。男人在社會化過程中，逐漸拋棄（其實是壓抑）內在的、情感的「自我」，學著迎合社會的需求，他們要打拼，他們要出人頭地，使男人變得理智而競爭性強烈，「目標至上，分數第一」，是絕大多數男人奉為圭臬的生活指標，說實在的，要男人在工作或事業上花精神，他可能興致高昂，可是退下來處理私生活，他卻往往不善於處理兩性之間所需要的「柔情」，他以他所以為然的方式應對，可是絕大多數的女人並不會滿意，因為以女人的標準來說，它可能顯得太不豐富也太粗糙了。

《男人為什麼不開放》這本書，很強烈的打出「我需要妳」、「我需要妳的引領」這樣的訊號，「妳看看我，請妳看看真真實實的我」，作為二十世紀末葉的男性高級知識份子，為女性寫了這本書，這種真摯的赤忱，是需要女性善意的回應的。

我想前面所說，是男人先天社會化導致的結果，另外也有女人犯錯的地方。女人一樣是受傳統「塑型」的薰陶，直到現在為止，女人、很多女人，仍對男人打出模稜、混淆甚或矛盾的問號，使男人莫衷一是，無所適從，「艾倫・史東教授說道：『故有許多女人深深被孤僻獨立、不可捉摸的男人所吸引。正是這些特性使他變得有性感的啊！』」「封閉的男人既令她們灰心又具有永恆的魅力。」（同書——〈混淆不清的訊號〉）

男人除了不擅表達自己的感覺外，也有很多男人是恐懼，他們恐懼一旦他們暴露出自己真實的面目或軟弱、脆弱、情緒的一面時，會失去男性魅力而把女人嚇跑，這種心理壓力使他們裹足不前了。

學會和男人「談心」

我想，兩性因為彼此不了解，都犯了很多促成更多誤解的錯誤，女人在彼此交往中，一旦感覺不順遂或觸礁，習慣用「來，我們談談」做解決。而男人，普遍的男人，竟就最怕這一招，在男人想來，這一談很可能就把關係談散掉，或者要被迫面對自己的缺點弱點，因此寧可「三十六計，走為上策」，而這一逃避的結果，可能又傷透了女人的心，女人心想：「我是想解決問題，讓我們更和諧啊，你幹嘛逃避？是你不重視我們這份感情？還是你不在意我的感受？甚或你覺得我不可理喻？」這幾種想法，都足以傷透女人的心而使女人更加委屈。這是兩性很大的差異點，很多愛侶初交往很甜蜜，逢到這一個階段時就觸礁了，根基還不深厚，了解還不夠的情侶，愛苗很快就被這個衝擊澆熄摧殘，竟爾分手，或從此齟齬連連，實在是天大的冤枉。

女人可能接著還會犯下另一個錯誤：「你不要怕，我們談談，對彼此會更好。」很多男人不是女人說「你不要怕」他就不怕甚或他就會主動靠近妳的，他們可能覺得妳想控制他，或他被侵犯，不再自由。（唉！女人難為！）

書上當然有教導女人該怎麼做，很多說法都切實可行，比如營造自然的氣氛，自然而然的交談；不要直接談當事人兩人之間的問題，談談其他話題，讓男人學會傳達他的感受；以及學會傾聽他，這個傾聽包括口頭語言、身體語言、行為語言……等等，都是很珍貴的建議。唯有一點，書上說女人要「獨立不索求而又能給予」，對大多數女人而言，可能是不容易辦到的。

女人也只是「人」啊！她並不是聖人，她也有情緒，有喜、怒、哀、樂、愛慾、憎，有恐懼，有不安，有猜疑，有憤怒，有一切負面的情緒。這種期望，等於是要女人先成就「全人」人格，再來以柔情引領她的男人逐漸走上開放之路，理想雖不錯，理論也絕對講得通，但實際上，對女人而言，這無異是一項過高的期望。

這裡我想特別提出三大重點來提醒女性朋友，它是女人普遍容易對男性誤解的地方：㈠

男人恆常在「疏離（獨立自主）↕親密」之間擺盪、矛盾、拿捏。㈡男人對性的看法。㈢把友誼帶進關係裡。

疏離與親密之間

男人因自幼即被教導要堅強、要理智、要迎接挑戰、要克服困境、要獨立自主，因此在他們成長過程中，逐漸習慣以理智去面對他們所處的世界，「英雄」、「男子漢」的形象就是要堅忍不屈，獨立撐持。可是這個「理智」的、「外在」的「我」，其實只完成了一半——一個「全我」的一半——另一半則是「內在」的、「情感」的「我」（這一半是女人所擅長）。男人的感情只是習慣性的受到壓抑，而並不是他不需要了，甚至於因為他面對外在世界的競爭，冷酷而無情，他對柔情滋潤撫慰的需要也許遠比想像的更為迫切，只是他未必表達出來罷了。

男人渴望親密，可是男人又習慣獨立，他生怕掉進溫柔鄉後太倚賴一個女人了會喪失他作為男人的一切特質，所以他又會逃避親密，這種矛盾的情結使男人在「疏離↕親密」之間擺盪，心理學家把這種情結叫做「兩極化」或「攸里西斯併發症」。據本書作者自己說，其實男人在這兩極之間，「拉扯得很辛苦」，只是不為外人所知，尤其不為女人所知罷了。

女人了解這一點以後，所需要做的，就是讓男人逐漸熟悉親密，並慢慢拋棄對親密的恐懼。

男人對性的看法

過去我常以為男人「多性而少愛」、「重慾而輕情」，我想這也是大部份的女人對男人誤解，甚或不諒解的地方，經由這本書的剖析，我們會有全然一新的觀念，方才發覺，兩性差異實在大，著實需要正確的媒介物來為我們釐清思慮。

這裡引書裡原文如下——

對許多男人而言，最強烈的非口頭溝通都是發生在性交過程。根據羅勃・嘉費爾教授的看法，女人必須了解，對許多置身愛的關係中的男人而言，性行為不是情感表達的替代物——它本身就是情感表達。嘉費爾說道：

「男人通常把情感大量專注在性上。依男人看來，情感與性根本就是同一件事。可是女人則不然，在治療過程一直暴露出來的問題中以這個問題最大。」

不同於女人的是（女人通常有範圍廣泛的方式可以溝通並感受親密）——男人傾向把親密的意義壓縮進性行為。如果他們被剝奪了此種宣洩的方式，他們便會顯得沮喪苦惱，因為他們被切斷了他們所知唯一能傳達親密的根源。

「了解男人對性的看法可以使女人在性問題發生時比較懂得如何去處理。」嘉費爾教授說道：「這是突破男人只把女人當做玩物這個陳舊觀念的方式。這並不全是男人所要的。男人對親密及親近確實感興趣，只是他們以他們不同的方式為性下定義罷了。」

男人對身邊女伴，高興的時候需要性，性需要的時候需要性，失意的時候更需要性——因為在他失意落拓的時候，唯有藉由性親密，可以肯定妳還是屬於他的，他總算不孤獨。

從這一層上了解以後，我終於能解釋大陸影片「老井」裡的一個場景。「老井」這部影片我並沒有看過。但記得讀舒坦先生的影評時，他提到男主角的弟弟被炸死在井裡，而男女主角也同時被困在井底，四周闃黑，以為自此再無生還希望，這一對傾慕已久的戀人，竟在絕望中做了他們的第一次。舒坦先生非常讚賞這一段的處理，認為是大師手法，不同流俗。

當時我讀到這一段時，老覺得不可思議，自己弟弟的屍體就在旁邊，身陷絕望的人，怎麼會有那個興致呢？現在總算能理解，「老井」編導是不是大師還在其次，最主要是他們以男人觀點——尤其是身陷絕望中的男人觀點——處理了這場戲。那時候，興致已經是不可能，他們在面對死亡恐懼時，彼此透過性親密，給了對方最大的心靈撫慰與撐持。

把友誼帶進關係裡

不管是夫妻、或情侶，能培養出友誼的，關係都可能穩固而長久。哥倫比亞大學精神病學教授喬瑟夫・韋柏斯說：「最成功的婚姻是那些夫婦成為最好的朋友的婚姻。他們始於性吸引，但終於友誼。」

不要妄圖只以性的吸引力來吸引住男人，這種關係不可能久長。男女兩性太快發生性行為往往導致分手的悲劇，照一般的說法是「得到的太容易，故不知珍惜」，其實是似是而非的，真正的原因是：彼此都還沒有來得及發展出親密關係，彼此還沒有足夠的信賴——「在過去的世代，正式的求愛及持續經年的訂婚期等於劃出了一個寬限期，在這期間男女可以相互了解並培養相互的信賴。一旦面臨性的挑逗，他們業已成為知心朋友。至於在性解放的年代，太多信賴的語言都學習的太遲了，或根本沒有學習。男女為親密的失落、短促的關係以及婚姻的失敗都付出了相當大的代價。」—〈引導男人步上親密之途〉

聰明的女人，當妳遇上心儀的男人，親密進程的快慢，親密內涵的抉擇，應該可以更了然於心了吧？

永永遠遠的蝴蝶夫人

一個女人為男人殉情，或者相反，一個男人為女人殉情，或許，在人們心目中，永永遠遠都是頂淒美哀豔的故事。

西元一九〇四年首演於米蘭斯卡拉劇場的「蝴蝶夫人」，是名劇作家吉阿庫莫・普契尼的作品。描述一個日本溫馴女子巧巧桑（又名蝴蝶），被一名美國軍人平克頓先娶後棄的故事。蝴蝶的下場當然是淒慘的，到最後她用「死亡」解脫了她自己。這一齣歌劇「蝴蝶夫人」，幽怨動人，在西方世界，不但歷久不衰，甚且早就溶入了觀眾與聽者的思維裡。尤其當我們聆聽到女高音在舞臺上的泣訴哀告時，有幾個能不為它動容？有幾個能不為它熱血沸騰？

然而，無獨有偶的，一九八六年爆發了一件舉世震驚的奇聞，一個法國外交官駐使中國大陸，愛上一名中國女伶，洩露不少情報給女方，直到東窗事發，帶上法庭對證的時候，男主角才恍然大悟，原來他癡戀了二十餘年的「佳人」，竟然是一個間諜，而且更駭人的是，「她」

是個男人。

你說它是個天大的笑話？你說它簡直不可思議？但是，直到黃哲倫（戴維・亨利・黃）為它找到合理合情的詮釋，寫出來的舞臺劇劇本「蝴蝶君」，在華盛頓特區的國家劇院首演後（「西城故事」和「阿瑪迪斯」都曾在此首演），這齣「蝴蝶君」的魅力，立刻光芒四射，它不但極為感人，尤其啟人深思，讓人唏噓。如果說，此劇的光芒，將與「蝴蝶夫人」並存而永垂不朽，甚至在深度上更有過之，我是絕對相信的。

這個劇在百老匯公演後，先後贏得一九八八年「東尼獎」最佳戲劇獎、戲劇桌獎、「外界評論家集團獎」最佳百老匯戲劇獎、「約翰・加斯納獎」最佳美國戲劇獎、一九九一年「洛杉磯戲劇評論家集團獎」。曾經在三十幾個國家演出。後來更搬演上銀幕，由華納公司出品，名導演大衛克倫克伯格執導，「烈火情人」男主角傑瑞米艾朗飾演外交官雷奈，「末代皇帝」男主角尊龍飾演情人宋麗玲。導演與演員演技俱為一流，把一個最美麗的愛情故事轉化成最深沉的腐心之痛，戲劇效果，堪稱妙手天成。

我想真正該恭維的是原作者黃哲倫先生的創意，這麼多年來，我也看過不少名獎大片，但是撞擊人心如此深沉的，「蝴蝶君」的確是稀有之一。所以衝擊力特大的原因，我想是：最美麗的愛情遇上了最醜陋的政治與心機。憧憬愛情何辜？悲劇之撼人，正在於它的引人省思。

黃哲倫的假設是：那個法國外交官雷奈，自己心目中一直有個理想情人「蝴蝶夫人」。他與宋麗玲邂逅後，這種心態很快就被宋了解而掌握，而宋也就因此創造並扮演了這個他所想要的「蝴蝶夫人」，才會使雷奈如此死心塌地，全心全意的交付出真情。

也許，我們每個人心目中，都有個自己的「蝴蝶夫人」（或蝴蝶君），但是，這又何辜？不幸的是，雷奈的渴望，被人「陰狠」的利用了罷了。

實體的情人，一定要揉雜上想像，才更美麗動人。這也就是人世間一切藝術作品至可珍貴的地方。人世間的一切人、事、物，不管是別人的，或是自己的，總在事過境遷、時空阻隔之後，摻雜上回憶與想像，一切情、事、物，方才迷離起來，朦朧起來。而這一份迷離朦朧，有時甚至成了生命機括現實之中唯一的浪漫，我們的心靈與精神，因恣飲它而甘醇，方才不致枯竭不致乾涸。這可能就是雷奈心頭盤踞的「蝴蝶夫人」，會如此牢固的原因。

尼采曾經說：「雖然，在人生的兩半——清醒的和夢幻的——中，一般都認為前者不但是比較重要的，也是唯一真正經歷過的一半，但是儘管聽起來似有矛盾的危險，我卻要提出相反的看法。在自然中，我越是感覺到這種無所不能的造型力量以及因此而來的對幻象的期望，我便越是覺得自己傾向於下述的假設：即永在痛苦的矛盾的『原始太一』。『存有的基礎』時時需要一種恍惚迷離的幻影和快樂的幻象，以自我拯救。」（《悲劇的誕生》）

我認為普天之下的男人，都該去看看這部「蝴蝶君」。宋麗玲所以可以把雷奈騙得死脫的最主要原因，是「她」說的一句話：「只有男人才知道如何演好女人（只有男人才知道男人需要什麼樣的女人）。」

宋麗玲刻意創造出來的含蓄婉約，加上異國情調的神秘與文化的隔閡，形成一襲朦朧美的面紗，越發使雷奈不自覺的「美化」、「神化」了他的情人。

自從女人要求平權以後，自從女人也受過高等教育以後，男人就更加渴望或嚮往過往那溫婉可人的「小女人」了。想想看，女人如果長得美，又知書達禮，又解語又察顏觀色；一旦有了委曲、氣憤、或傷心時，頂多只是嚶嚶低泣、娓娓細訴，或者報以幽怨的眼神；高興的時候，在男人懷裡撒嬌，如小鳥般呢喃啁啾。她的世界什麼都盛不下，只裝得下她的男人，她的男人的一切，那怕是怒，她也得小心的承載著、侍候著。男人哪，一個男人，那怕是輸掉了全世界，至少也還在自己女人身上、眼神裡找到了尊嚴與活下去的勇氣和價值。這樣的女人，是男人面對外在殘酷競爭世界之後的最後倚靠。

以是，透過文學藝術作品的渲染美化，再加上人們的想像力，融鑄出一個理想的情人，在我們心頭，在我們腦海。我們內心深處，無時無刻不在渴求，那個理想情人的出現，柏拉圖叫它做「形圓性全」，徐志摩說他要「在茫茫人海中訪尋他唯一的靈魂伴侶」，信教的人，可能要找回他那根失去的肋骨。可惜終我們一生，有人遇，有人不遇。

雷奈並不是沒有優越感的，他有男性優越感，他更有白種人的優越感，這在黃哲倫的「蝴蝶君」劇本裡，特別藉宋麗玲的嘴巴說出來。法庭上，法官問宋，他們倆的關係，宋麗玲有一段很精彩的說辭：「西方的男人一接觸到東方——他就迷糊了。西方人對東方有著一種不妨說是國際性的強姦心態。……基本的一點是，『她在嘴上說不行，可是她用眼睛說好的。』西方把自己看作男性——它擁有大炮、大工業、大錢——於是東方就在它的眼中成了女性——柔弱、纖細、貧窮……可是擅長工藝，聰明智慧，難以揣摩——女性的神秘。她在嘴上說不行，可是她用眼睛說好的。西方認為東方，在它的內心深處，企求別人去統治它——因為女人並不懂得她該如何替自己著想。……你們認為東方國家會屈服於你們的大炮，你們也料想東方的女人會順從你們的男人。所以你們說她們會成為最好的妻子。……他（雷奈）覺得自己終於遇到了他理想中的那個女人。」

陽剛的雷奈，遇上陰柔的宋麗玲，終被玩弄於股掌之間，因為宋麗玲完全知道「對治」他的辦法——滿足他、滿足他、滿足他男性的虛榮與自尊。

我以前總覺得，叔本華太悲觀，他認為天底下沒有什麼理想的愛偉大的情，有的只是上帝派給的傳宗接代的潛藏衝動罷了。這種說法，未免太小看了人在精神層面的主導力量。可是，隨著年歲的增長，卻越來越覺得，也許是叔本華對了。人的先天生理，已經判分出男、女兩性，後天環境，又制約出迥不相同的兩性文化，這種先天加後天的因素，思想觀念，無孔不入的滲入我們的思維我們的細胞我們的精神我們的靈魂。使我們始終深信，我們今生今世，理當去尋找最理想的另一半，它已宛若天羅地網般籠罩住我們的今生今世。除非你走上修道的路子，把自己「內我」的「兩性」雙修出來，自我具足。否則，我們總不自覺地尋尋覓覓、尋尋覓覓……

然而，真實世界的女人，果真都是嚶嚶低泣、娓娓細訴，像小鳥般呢喃、如彩蝶般展翼嗎?我想不，那已經成了現代男人心理的一個美麗神話罷了。

看官可千萬別誤會，我無意說女人的母性與柔情已死，而是說，女性意識覺醒以後，她是不是會扮演一個婉順的「小女人」，還得看她身邊的男人是否是個理想男人。過去的女人，

「無才無識，唯夫則之」，不管男人對她有理無理，她的男人是她的天下，男人們可以藉「婉順」來要求女人，而自己則遂行大男人的種種特權。如今現實中的女人，她可能會抗拒，可能會咆哮，可能有主見，更可能掉頭而去……問題出在那裡？是女人也苦悶，女人也寂寞啊！男人你，是否扮演好了一個理想的伴侶呢？

理想的愛，好艱難。也許，你、我、他，我們每一個人心目中，都有一個「蝴蝶夫人」（或蝴蝶君），只是我們一直在期待對方，也一直在美化對方。幸者終而得遇，不幸者「終而」在發現對方「終究」不是，心碎心死而去……

到終了，雷奈發現，原來他自己才是那個「蝴蝶夫人」，雷奈最後的死，是理想的幻滅；是殘酷的現實踐踏了美麗的夢幻；是真誠，終不敵心機。就尤其讓我們這些活在天羅地網中的人們，為之唏噓慨嘆，為之悽惻難忍啊！

跋

本書所收錄文章，橫跨筆者十年餘有關探討兩性議題投稿報紙副刊的作品，絕大部分集中在民國八十二年到八十四年。

全書文稿探討重點，是挑選一般社會大眾人云亦云而偏離真相；或容易混淆的觀點，來重新思辨釐清，故思維幅度雖廣，取材亦涉多方面，卻無意做一全面性探討。其實這麼廣大的議題，也不可能做出全面探討。

非常感謝名散文家程明琤女士〈重塑的泥娃娃〉，為拙作增光添色，程女士最喜歡我的〈讀你千萬遍〉，是因為她期望每一個人都是一本值得掀讀展閱的好書，值得別人一讀再讀，而不厭倦，此一至善之渴盼，正是程女士一貫流露的真誠，始終讓我銘感於心。（遙想遠在西半球美國的程女士，此刻想必已遷入她去年來信提及「背山面海」好美好美的「新（仙）居」。祝福她。）

我終而選了「女人笑著扣分數」做書名，是著眼於藉此喚起讀者注意，兩性是非常不同的，兩性先天後天的差異既如此之大，想要好好相處，勢必要多花些心思，多下些功夫了。

感謝三民書局的「慧眼」。

中華民國九十二年五月於中壢

三民叢刊好書推介

193 送一朵花給您　　簡宛

不是艷麗的玫瑰，也不是華貴的牡丹，這是一朵長在心中，溫馨而柔軟的日日春。不論科技如何進步，文明如何發達，每人內心都有一處小角落，接納一朵小花，接受一聲鼓舞。

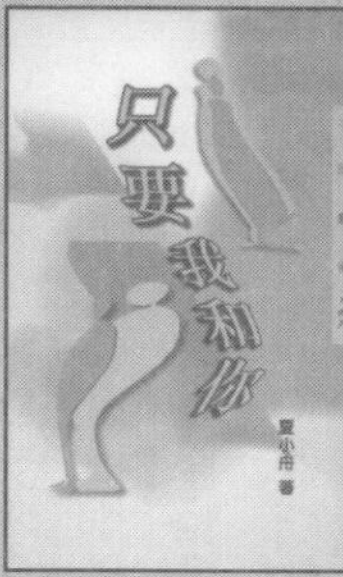

197 只要我和你　　夏小舟

夏小舟以深厚的學識、豐富的人生閱歷、幽默的手法及溫婉的女性之筆，描寫男女情愛的方方面面，從東方到西方，光怪陸離，千姿百態，堪稱一本中國人的婚戀指導大全。

200 再回首　　鄭寶娟

十四個人性抒情的短篇，寫尋常人、正常人生命中的乖舛時刻，不流於哲人式的標高與空泛，重新回到傳統小說對現實人生的深刻注視，將所有的悲哀與缺憾反覆掂量撫觸。

201 舊時月色　　張堂錡

從青春華年到心情微近中年，從複雜競爭的報紙媒體到單純美好的大學校園，一段年輕生命的轉折心路，鋪陳出一幅色彩斑斕的人生圖景。

205 殘　片　　董懿娜

人是只生有一個翅膀的天使，只有互相擁抱才能自由飛翔。女性的命運，是斑駁世界最真實而充滿質感的一種折射，對她們飽含意味和深情的關注，就是對生命的一種眷戀和好奇。

208 神交者說　　虹　影

虹影其人正如同其筆下的女性，她的作品總是隱隱透著半自傳的味道，筆觸卻又極其輕靈、冷靜，似真疑幻地審視著女性的生活、女性的情感、女性的欲望與反動。

210 情悟，天地寬　　張純瑛

她的豪爽帶一點俠氣、帥氣，她的筆下邏輯飽滿，文氣如潮。且在享受閱讀的愉悅與感動之餘，賞見人生的海闊天空，清景無限。

211 誰家有女初養成　嚴歌苓

經歷婚姻、兇殺、逃亡，似是而非的戀愛；一對男女違背天性，「炮製」孩子的荒誕悲劇；一場迷戀的起始，背叛而終的情感旅程。

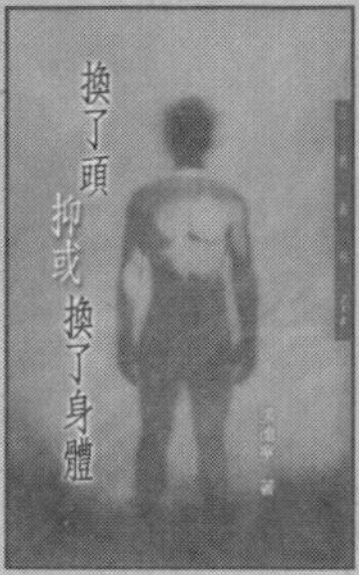

218 換了頭抑或換了身體　張德寧

人的心靈比海洋博大，比天空高遠，探索心靈的奧秘，像探索深海和宇宙般的令人著迷。大陸作家張德寧以堅實靈異的筆觸，將時空現實命運心靈交織，組成了大我小我的另一番世界。

221 在綠茵與鳥鳴之間　鄭寶娟

昔日的血肉之軀已化作碧草如茵，炮聲震天如今只留空靈鳥鳴。在綠茵與鳥鳴之間，戰事已遠；傷痕雖已癒合，卻仍隱隱作疼。

222 葉上花　董懿娜

她敏感得就像一片雪花，特別能感受到現實世界的些微疼痛，尤其是善於捕捉瞬息即逝的思想火花。散文，是她和客觀世界之間感情的紀錄，也是一幅幅人物心靈的素描。

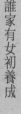

223　與自己共舞　　簡　宛

快樂原本存在人人心中，人，必先能接納自己，才有欣賞別人、接納別人的能力。與自己共舞，多麼美好歡暢的感覺！

225　零度疼痛　　邱華棟

本書精選青年小說家邱華棟短篇作品，透過對今日城市青年所遇到的情感、道德與金錢問題，以及城市生活對青年人的異化和威壓，探討年輕人的情感困境與精神的無所適從。

226　歲月留金　　鮑曉暉

人間有愛，歲月留金。人生多貌，每個人各有不同的際遇，不論平坦、坎坷，都是值得珍惜的回憶，這些記憶如人生歲月河流中沈澱的金沙，在生命裏熠熠發光，化為智慧。

230　也是感性　　李靜平

歲月的光景倒影心潭，輕輕縱身滑入熟悉的過往。輕煙朦朧點滴盪去，時間在眼角留下了淚的足跡。穿越生命的顛躓，圓夢，不在遠處天際，而在心底的感性收藏……

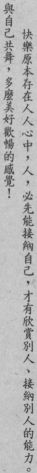

231 與阿波羅對話　韓　秀

在陽光的國度與阿波羅對話，秋日午後的愛琴海波光粼粼，反射生命的絕代風采。世人的虛妄不過瞬眼，胸臆間卻永遠有激情在湧動。殿堂雖已頹圮，永恆，卻在我心中駐紮。

250 紅紗燈　琦　君

記憶中一盞古樸的紅紗燈，那是外祖父親手為她糊的。無論哀傷或歡樂，數十年的生活經歷似乎被凝縮在溫馨的燈暈裡，化作力量，給予她信心與毅力。

253 與書同在　韓　秀

臺灣一年有多少本書面世呢？三一一〇〇〇〇以上，沒錯！四個零。面對書山書海，是否有不知如何選書的困擾？與書生活在一起的韓秀，將帶領您超越藩籬，進入書的世界裡。

254 用心生活　簡　宛

用心生活是簡宛的生活寫照。本書收錄她近年來的作品，包括、書情、友情、愛情、旅情與世界情。在紛擾多變的世界中，讀簡宛的書，也讀出了生活的甘美和真誠。

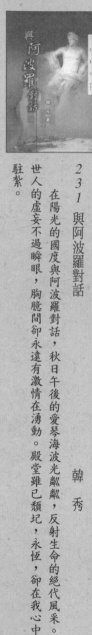

國家圖書館出版品預行編目資料

女人笑著扣分數／馬瑩君著.－－初版一刷.－－臺北市；三民，2003
面；　公分－－(三民叢刊；237)

ISBN 957-14-3809-X　(平裝)

1. 兩性關係

544.7　　92008906

網路書店位址　http://www.sanmin.com.tw

著作人　馬瑩君
發行人　劉振強
著作財產權人　三民書局股份有限公司
臺北市復興北路386號
發行所　三民書局股份有限公司
地址／臺北市復興北路386號
電話／(02)25006600
郵撥／0009998-5
印刷所　三民書局股份有限公司
門市部　復北店／臺北市復興北路386號
重南店／臺北市重慶南路一段61號
初版一刷　2003年6月
編　號　S 81098-0
基本定價　參元貳角
行政院新聞局登記證局版臺業字第〇二〇〇號

ISBN　957-14-3809-X　(平裝)